पर्सनैलिटी

अपने व्यक्तित्व को जानें

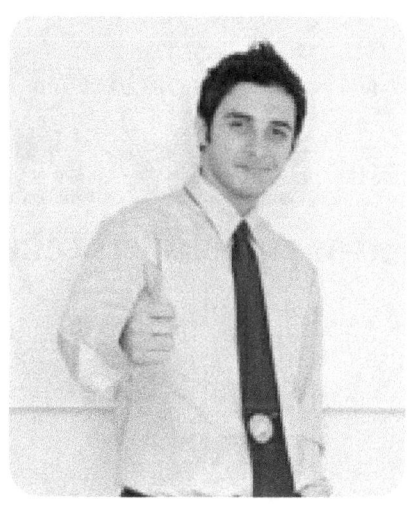

अरुण सागर 'आनन्द'

वी एण्ड एस पब्लिशर्स

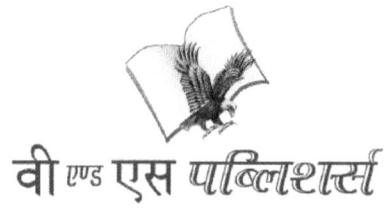

प्रकाशक

वी एण्ड एस पब्लिशर्स

F-2/16, अंसारी रोड, दरियागंज, नई दिल्ली–110002
☎ 23240026, 23240027 • फैक्स: 011-23240028
E-mail: info@vspublishers.com • Website: www.vspublishers.com

क्षेत्रीय कार्यालय : हैदराबाद

5-1-707/1, ब्रिज भवन (सेन्ट्रल बैंक ऑफ इण्डिया लेन के पास)
बैंक स्ट्रीट, कोटी, हैदराबाद–500 095
☎ 040-24737290
E-mail: vspublishershyd@gmail.com

शाखा : मुम्बई

जयवंत इंडस्ट्रिअल इस्टेट, 2nd फ्लोर – 222,
तारदेव रोड अपोजिट सोबो सेन्ट्रल मॉल, मुम्बई – 400 043
☎ 022-23510736
E-mail: vspublishersmum@gmail.com

फ़ॉलो करें:

हमारी सभी पुस्तकें **www.vspublishers.com** पर उपलब्ध हैं

© **कॉपीराइट:** वी एण्ड एस पब्लिशर्स
संस्करण: 2017

भारतीय कॉपीराइट एक्ट के अन्तर्गत इस पुस्तक के तथा इसमें समाहित सारी सामग्री (रेखा व छायाचित्रों सहित) के सर्वाधिकार प्रकाशक के पास सुरक्षित हैं। इसलिए कोई भी सज्जन इस पुस्तक का नाम, टाइटल डिजाइन, अन्दर का मैटर व चित्र आदि आंशिक या पूर्ण रूप से तोड़-मरोड़ कर एवं किसी भी भाषा में छापने व प्रकाशित करने का साहस न करें, अन्यथा कानूनी तौर पर वे हर्जे-खर्चे व हानि के जिम्मेदार होंगे।

प्रकाशकीय

प्रत्येक प्रकाशक की इच्छा होती है कि अधिक से अधिक पाठक उनकी पुस्तकों को पढ़ें। वी एण्ड एस पब्लिशर्स अधिक टाइटल्स छापने की प्रतिस्पर्धा में शामिल होना नहीं चाहता। कारण यह है कि किसी भी पुस्तक को छापने से पहले हम काफी विचार-विमर्श करते हैं तथा यह निश्चित करना चाहते हैं कि पुस्तक समाज में प्रेरणा का आधार बने।

हमारी अधिकांश पुस्तकें जनरुचि और समय की माँग के अनुरूप होती हैं। शोध के आधार पर हमने महसूस किया कि इन दिनों आवश्यकता है सरल एवं सटीक पुस्तकों की जो सही जानकारी से परिपूर्ण हो। किन्तु दुःखद पहलू यह है कि राष्ट्रभाषा हिन्दी में ऐसी पुस्तकों का प्रायः अभाव है। जीवनोपयोगी पुस्तकें प्रायः अंग्रेजी भाषा में ही उपलब्ध हैं, जिससे आबादी का बहुमत भाग इस प्रकार की पुस्तकें पढ़ने से वंचित रह जाता है और इससे वंचित हो जाना उनके जीवन में कठिनाई का कारण बन जाता है। प्रत्येक व्यक्ति की अपने व्यक्तित्व को निखारने की लालसा व बाजार में इस विषय पर उत्कृष्ट पुस्तकों के अभाव ने हमें **पर्सनैलिटी** पुस्तक को प्रकाशित करने के लिए प्रेरित किया।

प्रस्तुत पुस्तक का लेखन सामान्य व्यक्ति के सामर्थ्य और समय के अनुसार किया गया है जिससे मस्तिष्क में स्थायी छवि बन सके और सम्पूर्ण आत्मविकास में सहायक हो सके। यह पुस्तक आपको समाज में परिपक्व पहचान बनाने में पूर्णरूप से सहयोग करेगी

पुस्तक का लेखन व सम्पादन जानकार विशेषज्ञों द्वारा किया गया है। यथा सम्भव प्रयास किया गया है कि पुस्तक में कहीं कोई गलती न रह गयी हो फिर भी यदि कोई त्रुटि रह गयी हो तो अपने सुझाव सहित उससे अवगत अवश्य कराएँ।

सूचना

सभी पाठकों को विनम्र रूप से यह सूचित किया जा रहा है कि पुस्तक में दी गयी विषय-वस्तु को शत्-प्रतिशत पत्थर की लकीर की भाँति न मानें। लेखक एवं प्रकाशक के सम्पूर्ण प्रयासों एवं विशेषज्ञों के सलाह के अनुसार पुस्तक का लेखन किया गया है, परन्तु पुस्तक में दी गयी सूचना के गलत प्रयोग या व्याख्या के लिए पाठक स्वयं ही जिम्मेदार होंगे।

पाठकों से एक विनम्र निवेदन यह है कि पुस्तक में दिये गये सलाह या उपाय लेखक के अपने व्यक्तिगत अनुभव एवं विचार हैं। इसके लिए न तो लेखक, न तो प्रकाशक को जिम्मेदार ठहराया जाये। पुस्तक आपके व्यक्तित्व विकास में सहयोग अवश्य करेगी किन्तु इसे रामबाण न समझें। यह एक मनोवैज्ञानिक पहलू है जो अलग-अलग लोगों पर अलग-अलग ढंग से प्रभाव डालेगा। आवश्यकतानुसार किसी व्यावसायिक विशेषज्ञ से परामर्श अवश्य लें।

-प्रकाशक

विषय-सूची

भाग – 1 जानें अपने बारे में (Know Yourself)...7

पर्सनैलिटी डेवेलपमेंट क्लासरूम
- कितने सकारात्मक (Positive) हैं आप?..9
- कितने सन्तुलित (Balanced) हैं आप?..10
- कितने सम्वेदनशील (Sensitive) हैं आप?..11
- कितने मिलनसार (Sociable) हैं आप?..12
- कितने धैर्यवान (Patient) हैं आप?..13
- आपका नज़रिया (View) कैसा है?..14
- कितने तनहा (Lonely) हैं आप?...15
- कितने शिष्टाचारी (Well-mannered) हैं आप?..16
- कितने दुश्चरित्र (Bad character) हैं आप?..17
- कहीं आप मज़ाक़ के पात्र (Laughing-stock) तो नहीं?............................18
- क्या आप तनाव से मुक्त (Tension-free) हैं?..19
- कितने व्यस्त (Busy) हैं आप?...20
- क्या आप अंधविश्वासी (Superstitious) हैं?..21
- कितने फ़िट (Fit) हैं आप?..22
- क्या आपकी दोस्ती (Friendship) प्यार (Love) है?................................23
- अपने सौन्दर्य को लेकर कितनी चिन्तित (Beauty-conscious) हैं आप?......24
- कितनी साहसी (Bold) हैं आप?..25
- कितने टेबल मैनर्स (Table-manners) हैं आपमें?...................................26
- क्या आप नर्वस (Nervous) पर्सनैलिटी हैं?...27
- आपका व्यवहार (Behaviour) कितना सही है?......................................28

भाग – 2 आपका व्यक्तित्व और बॉडी लैंग्वेज़ (शारीरिक भाषा) (Body-language and Your Personality).....31

संवाद करने के नियम
- सुनने का तरीक़ा...33
- बैठने का ढंग...36
- बात करने का ढंग...38
- चलने के ढंग...40
- पढ़ने के ढंग...42
- कपड़ों से जानें व्यक्तित्व का राज़...44
- हमारी आदतें...46
- क्या कहती है आपकी लिखावट..50
- मोबाइल फ़ोन से जानें व्यक्ति का व्यक्तित्व..53

भाग-1
जानें अपने बारे में!
(Know Yourself)

पर्सनैलिटी डेवेलपमेंट क्लासरूम

पर्सनैलिटी डेवेलपमेंट क्लासरूम में आपका स्वागत है।

आज सबसे पहले आप 'व्यक्तित्व' का अर्थ समझें। जब आप किसी नये व्यक्ति से मिलते हैं और उसके विषय में जो छवि (image) आपके मन में बनती है, उसे उस व्यक्ति का **'व्यक्तित्व'** कहा जाता है।

किसी भी व्यक्ति का व्यक्तित्व दो भागों में बँटा होता है—पहला **'बाहरी व्यक्तित्व'**, जो कि हमें दिखायी देता है और दूसरा व्यक्तित्व **'आन्तरिक व्यक्तित्व'** होता है, जो कि हमें दिखायी नहीं देता। बाहरी व्यक्तित्व को जहाँ हम अपनी वेशभूषा और व्यवहार के तरीक़ों में बदलाव करके आकर्षित बना सकते हैं, वहीं हमारा आन्तरिक व्यक्तित्व हमारे स्वभाव, गुण तथा आदतों से सम्बन्धित होता है। कोशिशें करने पर हम इसमें थोड़ा–बहुत तो बदलाव ला सकते हैं, लेकिन पूरे तौर पर नहीं। क्योंकि हमारे जो जन्मजात गुण हैं, उसमें हम कोशिशें करके भी बदलाव नहीं ला सकते। उदाहरण के तौर पर मैं आपके सामने अपना ही उदाहरण रखता हूँ। मेरी बचपन से यही आदत रही है कि मैं झूठ नहीं बोल पाता। जब कभी मुझे मजबूरन झूठ भी बोलना पड़ता है, तो मेरी जुबान लड़खड़ाने लगती है, और सामने वाला फ़ौरन ताड़ लेता है कि मैं झूठ बोल रहा हूँ, जबकि मैंने ऐसे कई लोग देखे हैं जो बड़े–से–बड़ा इतनी सफ़ाई से बोलते हैं कि सामने वाला उसे पूरे तौर पर सच मानने लगता है।

यहाँ ग़ौर करने वाली बात यह है कि अगर मैं ज़रा–सा भी झूठ नहीं बोल पाता, तो यह मेरे जन्मजात गुण है। इसे मैं अपनी पुरज़ोर (भरपूर) कोशिशों के बावजूद भी नहीं बदल सकता। यहाँ आन्तरिक व्यक्तित्व के बारे में मैं एक बात ख़ास तौर पर कहना चाहूँगा कि मनुष्य के व्यक्तित्व को प्रभावशाली बनाने में उसके बाह्य व्यक्तित्व से ज़्यादा आन्तरिक व्यक्तित्व का योगदान होता है। उदाहरण के तौर पर आप 'गंगा' नदी को ही देखिये, उसका बाहरी रूप भी और नदियों के समान ही है, लेकिन उसके जल में पाये जाने वाले औषधीय गुणों का भारत ही नहीं संसार की कोई भी नदी समानता नहीं कर सकती। यही कारण है गंगा नदी को बहुत पवित्र माना जाता है। हिन्दुओं के लिए तो यह माँ समान है। उनके प्रत्येक धार्मिक कार्य में इसके जल का उपयोग किया जाता है।

आप कौआ और कोयल को देखिये। दोनों एक से रंग के हैं, लेकिन अपने गुणों के कारण अच्छे और बुरे समझें जाते हैं। इन्हीं उदाहरणों को सामने रखते हुए हम कह सकते हैं कि एक प्रभावशाली व्यक्तित्व के लिए बाह्य तथा आन्तरिक दोनों गुणों का ही होना आवश्यक है।

आपकी आसानी के लिए पुस्तक को 8 भागों में बाँटा गया है।

- **भाग–1 (जानें अपने बारे में)** में उन प्रश्नावलियों को जगह दी गयी है, जो आपके गुण–दोषों के बारे में बतायेगी। ज़ाहिर है कि अपने गुण–दोष जानकर आप अपने गुणों में और बढ़ोतरी तो करेंगे ही, साथ–साथ अपने दोषों को पहचान कर उन्हें इस पुस्तक के माध्यम से दूर करने में कामयाब होंगे।
- **भाग–2 (आपका व्यक्तित्व और बॉडी लैंग्वेज)** में यह बताया गया कि किसी भी व्यक्ति के सुनने, बैठने, चलने, बोलने, पढ़ने, तथा लिखने के अन्दाज़ से उसके व्यक्तित्व की पहचान कैसे की जा सकती है।
- **भाग 3 (कैसे करें व्यक्तित्व का विकास)** में व्यक्तित्व विकास के बारे में वैज्ञानिक तरीक़ों से बताया गया है कि व्यक्तित्व विकास की सरंचना कैसे होती है, व्यक्तित्व विकास के क्या–क्या अवयव है, व्यक्तित्व विकास में आने वाली बाधाएँ कौन–कौन–सी है तथा इन्हें कब शुरू करना चाहिए, इत्यादि।
- **भाग–4 (आपका व्यक्तित्व निखारे शिष्टाचार)** इस भाग में शिष्टाचार के माध्यम से बाहरी व्यक्तित्व विकास के बारे में बताया गया है।

- **भाग – 5 (आपका आन्तरिक व्यक्तित्व)** इस भाग में आन्तरिक व्यक्तित्व से सम्बन्धित ख़ास-ख़ास बातों और विधियों के बारे में विस्तृत रूप से बताया गया है।
- **भाग – 6 (व्यक्तित्व विकास एवं करिअर)** इस भाग में करिअर के लिए किस तरह का व्यक्तित्व विकास करना चाहिए, उन बातों का ज़िक्र किया गया है।
- **भाग – 7 (व्यक्तित्व विकास के 7 आध्यात्मिक नियम)** इस भाग में व्यक्तित्व विकास के 7 नियमों की विस्तृत रूप से जानकारी दी गयी है, जिससे पाठक अपने व्यक्तित्व का आध्यात्मिक विकास बड़ी आसानी से कर सकते हैं।
- **भाग – 8 (क्या कहता है मनोविज्ञान व्यक्तित्व के बारे में)** इस भाग में मनोवैज्ञानिक तरीक़ों से व्यक्तित्व-विकास की सम्पूर्ण जानकारी दी गयी है।
- **और अन्त में** इस भाग में इस बात की विस्तृत जानकारी दी गयी है कि जब आपका व्यक्तित्व विकास हो जाये तो आप किस तरह अपने व्यक्तित्व विकास को कायम रख सके।

आपके बाहरी और आन्तरिक गुण-दोष कैसे हैं, यह जानने के लिए मैं आपको कुछ प्रश्नावलियाँ दे रहा हूँ। इन प्रश्नावलियों से आप बड़ी आसानी से जान जायेंगे कि आप में क्या-क्या गुण-दोष है।

जैसे-जैसे हम अपनी मंज़िल की ओर बढ़ते जायेंगे, अपने गुणों में और बढ़ोत्तरी करते जायेंगे और दोषों को जड़ से मिटाते जायेंगे, तो धीरे-धीरे आपका व्यक्तित्व प्रभावशाली बनता जायेगा, ऐसा मेरा दृढ़ विश्वास है।

तो लीजिए इन प्रश्नावलियों को भरना शुरू कीजिए।

आने वाले पृष्ठों में दिये गये सवालों के जवाब आपने 'हाँ' या 'ना' में देने हैं। हर 'हाँ' के लिए खुद को एक अंक दें और अन्त में सबको जोड़ लें।

कितने सकारात्मक (Positive) हैं आप?

1. क्या आप ऐसा मानते हैं कि कोई भी आदमी जन्म से बुरा नहीं होता, बल्कि हालात एवं मजबूरियों उसे बुरा बना देते हैं?
2. किसी नये व्यक्ति से मिलते समय आप उसमें कमियाँ ढूँढ़ने के बजाय उसकी अच्छाइयाँ तलाश करते हैं?
3. आप कुछ भी पुराना नहीं होने देते, इसलिए रोज़मर्रा की ज़िंदगी में कोई न कोई बदलाव करते रहते हैं। पुरानी चीज़ों को फेंकने की बजाय, उन्हें दोबारा उपयोग में लाने की कोशिश करते हैं?
4. किसी दुःख–तकलीफ़ में आप अपनी समस्याओं को बढ़ा–चढ़ाकर बताने के बजाय उन्हें अपने तक सीमित रखने की कोशिश करते हैं तथा उनसे खुद जूझना अधिक पसन्द करते हैं?
5. आपको गुस्सा बेहद कम आता है। अगर आता भी है तो ना के बराबर और जल्दी ही आप शांत हो जाते हैं।
6. आप भूत एवं भविष्य से ज़्यादा अपने वर्तमान यानी *आज* को अधिक महत्त्व देते हैं?
7. बीमार होने पर आप दूसरों की हमदर्दी में ज़्यादा विश्वास रखते हैं या किसी दवा पर?
8. अपने ख़ाली समय में आप रचनात्मक कार्य करते हैं?
9. अपने किसी दोस्त की तरक्की पर आपको ईर्ष्या होती है, या फिर आपको उससे ज़्यादा सफलता प्राप्त करने की प्रेरणा मिलती है।
10. आप अपनी स्टडी टेब़ल, अलमारी तथा दीवारों आदि पर बड़े एवं महान् लोगों के वचन एवं सूक्तियाँ लगाने को शौक़ रखते हैं?
11. क्या आपको चुनौतीपूर्ण कार्यों को करने में आनन्द आता है?
12. आप बदलाव को प्रकृति का नियम मानते हैं, इसलिए आपका मानना है कि समय सदा एक–सा नहीं रहता और आप हर पल का स्वागत करते हैं?
13. आप मानते हैं ग़लती, किसी से भी, कभी भी हो सकती है, इसलिए आप बात बढ़ाने के बजाय सामने वाले को माफ़ कर देना पसन्द करते हैं?
14. किसी भी परिणाम या फ़ल अपने फेवर (पक्ष) में न पाकर आप लोगों से न तो मुँह छुपाये फिरते हैं और न ही अपने जीवन को नष्ट करने के बारे में सोचते हैं?
15. आपके जीवन में त्योहारों का विशेष महत्त्व है और आप सभी त्योहार बड़े हर्षोल्लास से मनाते हैं?

स्कोर

- 10–15 : आप सकारात्मक सोच वाले व्यक्ति है। अपनी सोच से आप न केवल बड़े से बड़ा कार्य करने में सफल होंगे, बल्कि औरों का भी मार्गदर्शन करेंगे।
- 5–10 : आपका जीवन सकारात्मक (Positive) और नकारात्मक (Negative) दोनों तरह की सोच से भरा है, जिसकी वजह से आप चाहकर भी अपने लक्ष्यों तक पहुँचने में असफल रहते हैं या फिर देर से पहुँचते हैं। आपको चाहिए कि आप अपनी सोच एवं विचार पर नियन्त्रण रखें। सही और ग़लत की पहचान करें। अच्छी तरह से सोच–विचार करें, ताकि आप अपने लक्ष्य तक पहुँच सकें।
- 1–5 : आपकी सोच पूरी तरह से नकारात्मक है। आपकी हर एक असफलता का कारण आपकी नकारात्मक सोच ही है। आपको चाहिए कि आप कुछ सकारात्मक लोगों की संगत में रहें तथा सकारात्मक किताबें पढ़ें। वरना आप उम्र भर यों ही भटकते रहेंगे।

कितने सन्तुलित (Balanced) हैं आप?

1. किसी से बात करते समय आप सामने वाले को ज़रा भी पता नहीं चलने देते कि आपका मूड कैसा है?
2. आपको इस बात से कोई फ़र्क़ नहीं पड़ता कि सामने वाला किस जाति या धर्म का है। आपके लिए सभी एक समान हैं।
3. आप अपने–आपको हर माहौल में आसानी से ढाल लेते हैं?
4. अगर आपको गर्मियों में एक रात बिना बिजली के काटनी पड़े तो आप बिना चिकचिक के सो सकते हैं?
5. जो चीज़ आपको नहीं मिली, आपको उसके न मिलने या खोने का ग़म नहीं सताता?
6. आप बदला लेने से ज़्यादा माफ़ करने में विश्वास रखते हैं?
7. आप किसी के प्रति राय बनाने से पहले उसकी कमज़ोरी को जानने की कोशिश करते हैं?
8. रिश्तों में झगड़े या मनमुटाव को आप प्यार की निशानी समझते हैं तथा धैर्य से काम लेते हैं?
9. आप घर और दफ़्तर की ज़िम्मेदारियों और कामकाज को आपस में मिक्स (मिलाना) नहीं करते और एक समय पर एक ही कार्य करते हैं?
10. किसी का इन्तज़ार करने के बाद यदि आपका इन्तज़ार बेक़ार जाये तो आपको ज़रा भी गुस्सा नहीं आता?
11. अपने दुःख–तकलीफ़ों को आप जीवन की परीक्षा मानते हैं तथा घबराने के बजाय यह समझते हैं कि समय सदा एक–सा नहीं रहता?
12. मेहनत करने के बावजूद भी यदि किसी को आपका काम पसन्द नहीं आता या कोई कमी निकाल दे, तो आप बहस करने के बजाय उस बात पर चिन्तन करना बेहतर समझते हैं?
13. किसी को मुसीबत (दुर्घटना इत्यादि) में देखकर आप नज़रें चुराने के बजाय उसकी मदद करने के लिए आगे आते हैं?
14. अगले दिन आपकी परीक्षा या फिर कोई ज़रूरी काम है, यह जानकर भी आप गहरी नींद ले लेते हैं?
15. अगर आपको कोई चाहने लगे, तो आपको उसका प्यार या जुनून आसानी से अपनी ओर खींच लेता है?
16. आपको अपना मनपसन्द भोजन न मिले, तो आप मुँह सिकोड़ने के बजाय उसे आसानी से खा लेते हैं?
17. आपको किसी को 'हाँ' या 'ना' करने में ज़रा भी देर नहीं लगती?
18. बातों के दौरान आपकी कोशिश यही होती है कि किसी को आपकी कोई बात बुरी न लग जाये?

स्कोर

- 12–18 : आप वास्तव में एक सन्तुलित (Balanced) इनसान हैं। आप जीवन को हर हाल में जीना चाहते हैं। आप खुद को सुख–दुःख के प्रभाव से बचाने की कला में माहिर हैं।
- 6–12 : आपकी स्थिति बीच की है। कई मामलों में आप सन्तुलित हैं और कई मामलों में असन्तुलित। आपको चाहिए कि आप महापुरुषों की सूक्तियों व विचारों को पढ़ें। इससे आप निश्चित रूप से सन्तुलित होने में कामयाब होंगे।
- 1–6 : आप ज़रूरत से ज़्यादा नासमझ एवं अव्यावहारिक हैं। जीवन को जीने का तरीका आप नहीं जानते। आपको जीवन जीने का ढंग अच्छी तरह से सीखना चाहिए, वरना समय–असमय आप परेशान ही रहेंगे। आपको सन्तुलित लोगों का अनुसरण करना चाहिए और महान् दार्शनिकों के विचारों को पढ़ना तथा व्यवहार में लाना चाहिए।

कितने सम्वेदनशील (Sensitive) हैं आप?

1. फ़िल्मों या टी.वी. सीरियल देखने के दौरान कोई भी रोने का सीन देखकर आप क्या रो पड़ते हैं?
2. आपसी बहस या मज़ाक़ में छोटी–सी बात पर आप रो पड़ते हैं?
3. उपहार में मिले फूलों को सूखने के बाद आप कई महीनों तक उन्हें संभाल कर रखते हैं?
4. आपको कल किसी से मिलना है या कोई आपसे मिलने आ रहा है, तो इस इन्तज़ार में आपको रात भर नींद नहीं आती?
5. थोड़ी से चोट पहुँचने पर आप पट्टी बाँध लेते हैं?
6. बहता हुआ खून या ज़ख़्मी शरीर को देखते ही आप घबरा जाते हैं या देखने से कतराते हैं?
7. आपके सम्बन्धों में व्यावहारिकता कम औपचारिकता अधिक होती है?
8. ग़ज़लों एवं दर्द भरे गीतों को सुनना या लिखना आपका शौक़ है?
9. आप किसी भी व्यक्ति से चंद मुलाक़ातों में ही आसानी से आकर्षित या प्रभावित हो जाते हैं?
10. आपकी रखी हुई चीज़ वहीं न मिलने पर आप बेचैन हो जाते हैं और रोने लगते हैं?
11. आप दूसरों को मिलने का पूरा समय देते हैं तथा उनके दुःख–दर्द को धैर्यपूर्वक से सुनते हैं?
12. जब भी आप ब्रेड (डबल रोटी) खाते हैं, तो किनारियां अलग कर देते हैं?
13. मौसम बदलते ही आपकी तबियत ख़राब हो जाती है?
14. जहाँ भी मंदिर या मूर्ति देखते हैं, तो वहाँ सर या नज़रें झुकाकर आदर देते हैं?
15. आप चाहते हैं कि यदि आपको किसी ने अपने घर या पार्टी में बुलाया है तो वह आपको सबसे अलग समझे या आपको ख़ास तवज्जो दे?
16. यदि किसी बात को लेकर आपका मूड ख़राब हो जाये तो उसका प्रभाव आपके पूरे दिन पर पड़ता है और कोई भी कार्य पूरे मन से नहीं कर पाते?
17. छोटी–छोटी बातों पर आप दूसरों को कसम खाने के लिए बोलते हैं कि वह सच बोले?
18. आप चाहते हैं कि जब आप किसी से बात करें, तो वह आपकी आँखों में आँखें डालकर बात करे, सारा काम छोड़कर सिर्फ़ आपकी बात सुने?

स्कोर

- 12–18 : आप ज़रूरत से ज़्यादा सम्वेदनशील हैं। आप दिमाग़ की बजाय दिल से ज़्यादा काम लेते हैं। आपका इतना सम्वेदनशील होना आपको लाभ पहुँचाने के बजाय नुक़सान पहुँचा सकता है। अपने अन्दर आपको आत्मविश्वास पैदा करना चाहिए। दुनिया को दुनियादारी की निगाहों से भी देखें और दिल मज़बूत करने की कोशिश करें।
- 6–12 : सम्वेदनशीलता के मामले में आप सन्तुलित हैं। इतनी सम्वेदनशीलता तो होनी ही चाहिए। वरना इनसान–इनसान नहीं रहेगा। क्योंकि यदि भावनाएँ ही ख़त्म हो जायेंगी तो आपका प्यार एवं सौहार्द भी ख़त्म हो जायेगा।
- 1–6 : आपका मन बहुत ही कठोर है। इतनी कठोरता अच्छी नहीं। यदि आपके दिल में किसी के प्रति कोई संवेदना नहीं, तो कोई आपके प्रति भी अपनी संवेदनाएँ नहीं रखेगा। वो दिन दूर नहीं, जब आप अपनी तन्हाई एवं अकेलेपन का शिकार हो जायेंगे और अपनी कठोरता पर पछताएंगे। इसलिए जीवन में सम्वदेनशील होना सीखिए।

कितने मिलनसार (Sociable) हैं आप?

1. आपको, किसी को भी पहली बार में ना कहने में तकलीफ़ होती है?
2. ट्रेन या बस में जब भी आप सफ़र करते हैं, तो साथ वाले से आप आसानी से बात कर लेते हैं?
3. आपके सामने वाले को जो पसन्द नहीं वो काम आप नहीं करते? खुद को उसके अनुसार ढाल लेते हैं?
4. नये लोगों से मिलना व दोस्त बनाना आपको अच्छा लगता है?
5. बिना तीज़–त्योहारों या मौक़ों के बावजूद भी आप लोगों से मिलना–जुलना पसन्द करते हैं तथा अपने क़रीब रहने वालों को उपहार आदि देते रहते हैं?
6. किसने आपको कितनी वेदना या पीड़ा दी इसका हिसाब नहीं रखते और मस्त रहते हैं?
7. आपको अच्छा लगता है कि आपके घर मेहमान आयें और आप उनकी ख़ातिरदारी करें।
8. यदि आपके घर में कोई चीज़ ख़त्म हो जाये या कम पड़ जाये तो आप किसी से माँगने या मदद लेने में हिचकिचाते हैं?
9. आपके जीवन में आपको जानने वाले अपने हर सुख–दुःख में शामिल करते हैं?
10. बराबर वालों से प्यार से प्रणाम करना, बड़े–बुजुर्गों के पैर छूना तथा बच्चों को प्यार करना आपका स्वभाव है?
11. जब भी आप लोगों से मिलते हैं तो अपना दुःख प्रकट करने के बजाय सबको खुश रखने की कोशिश करते हैं?
12. आप अपने लोगों के बीच इस बात की चिन्ता नहीं करते कि पहले कौन किसको हाय–हैलो या नमस्ते आदि करे?
13. किसी के घर या शादी–ब्याह में फ़रमाइशें व औपचारिकता निभाने की बजाय, जो जैसी जितनी व्यवस्था है आप उसे स्वीकार कर लेते हैं तथा स्वयं को माहौल के अनुसार ढाल लेते हैं?
14. आप ऊँच–नीच व अन्य किसी चीज़ में भेद–भाव नहीं रखते, आप दुकान वालें, सब्ज़ी वाले या डॉक्टर इत्यादि सबसे खुलकर बात कर लेते हैं?
15. अपने सामने वाले को आप उसकी ग़लती के लिए आसानी से माफ़ कर देते हैं?

स्कोर

- 10–15 : आप मिलनसार प्रवृति के हैं। सबके साथ मिलना–जुलना अच्छी बात है, पर इतना ज़्यादा अपनापन व खुलापन आपको कई बार महँगा भी पड़ सकता है। आपको अपने–आप पर थोड़ा नियन्त्रण करना चाहिए।
- 5–10 : आपकी स्थिति बीच की है। यदि आप अपनी इस स्थिति को और बढ़ाते हैं यानी और मिलनसार हो जाते हैं, तो इसमें हर्ज़ की कोई बात नहीं है, बशर्ते आप भावुकता के साथ–साथ व्यावहारिकता से भी काम लें।
- 1–5 : आपकी स्थिति वास्तव में शोचनीय है। आपको केवल अपने तक सीमित नहीं रहना चाहिए, वरना आप तनहाई का शिकार हो जायेंगे। इससे पहले लोग आपसे कटने लगें, आपको अपना स्वभाव बदलना चाहिए।

कितने धैर्यवान (Patient) हैं आप?

1. किसी भी कार्य को समाप्त करने के बाद आप उसका परिणाम जानने के लिए अत्यन्त उतावले हो जाते हैं?
2. टी.वी. देखने के दौरान एड (विज्ञापन) आने पर आप रिमोट से चैनल्स बदलना शुरू कर देते हैं?
3. जब भी कोई मेहमान, दोस्त या रिश्तेदार मिठाई या तोहफ़े आदि लाता है तो आपको उसके अन्दर क्या है, इस बात को जानने की तीव्र इच्छा होती है?
4. जब भी आप अख़बार, लेख या कहानी आदि पढ़ते हैं, तो केवल कुछ पंक्तियाँ ही पढ़ते हैं और उन्हीं से सारी बातें समझने की कोशिश करते हैं?
5. आप पहली मुलाक़ात में ही लोगों पर यक़ीन कर लेते हैं?
6. चलते–फिरते लोगों से टकराना और सॉरी बोलना आपके लिए आम बात है?
7. आप जब भी तनहाई में बीती बातों का मूल्यांकन करते हैं तो आपको पछतावा महसूस होता है?
8. आपको खाना खाने के बीच में बार–बार पानी पीने की आदत है?
9. सिनेमाघर की लाईन हो या किसी अन्य प्रकार की, लाईन में लगने से आप कतराते हैं?
10. शादी–ब्याह में या रेस्त्रां में आप खाने पर टूट कर पड़ते हैं?
11. ट्रेफ़िक के नियम एवं क़ानून जानते हुए भी आप उनका अकसर उल्लंघन कर बैठते हैं?
12. आपको छोटी–छोटी बातों पर भी बेवज़ह गुस्सा आता है?
13. किसी का इन्तज़ार करने के दौरान आप एक जगह टिककर नहीं बैठ पाते और टहलते रहते हैं?
14. दूसरों के लिए आपके पास हमेशा कोई न कोई प्रश्न या जिज्ञासा होती है?
15. आप किसी एक मित्र के साथ लम्बे समय तक रिश्ता निभाने में चूक जाते हैं?

स्कोर

- 10–15 : आप में धैर्य की बेहद कमी है। बुद्धिमान होते हुए भी आप कभी–कभार उतावलेपन में ऐसा काम कर जाते हैं, जो आपको शोभा नहीं देता। आपको सब्र से काम लेना चाहिए, वरना आप कभी भी मुँह की खा सकते हैं।
- 5–10 : आप जानते ही होंगे कि थोड़ी सी चिंगारी आग में बदल जाती है। भले ही आप कुछ ही कार्यों में उतावले दिखायी देते हैं, परन्तु उसके परिणाम से होने वाले बुरे प्रभावों का असर आपके कार्यों पर पड़ता है। चूँकि आप बीच की श्रेणी में हैं, इसलिए धैर्यवान बनने की ज़रूरत है।
- 1–5 : आप केवल समझदार ही नहीं, बल्कि अपने पर संयम भी रखते हैं। तभी तो हर कार्य को सोच–समझकर और उसके परिणामों को ध्यान में रखकर ही क़दम आगे बढ़ाते हैं। आपकी सफलता का रहस्य आपके कार्यों में निपुणता तथा आपका धैर्यवान होना ही है।

आपका नज़रिया (View) कैसा है?

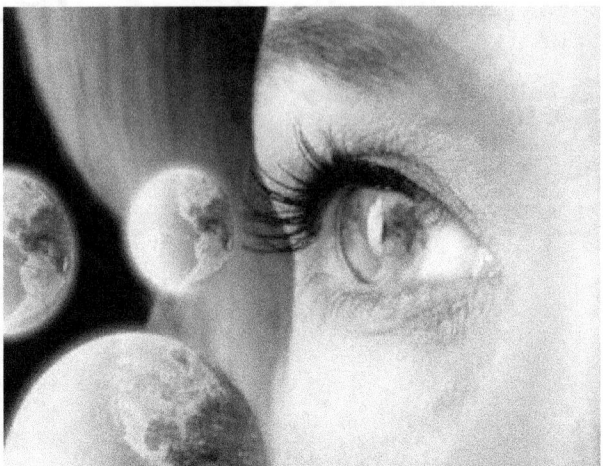

1. आप भाग्य से ज़्यादा कर्म पर विश्वास करते हैं?
2. आपको अपने जीवन से शिकायत कम सन्तुष्टि ज़्यादा है?
3. आप दूसरों में कमी ढूँढ़ने की बजाय स्वयं की ग़लतियों पर ज़्यादा ध्यान देते हैं?
4. दूसरों को बदलने के बजाय आप स्वयं को बदलना ज़्यादा बेहतर समझते हैं?
5. आप मानते हैं कि समय कभी एक सा नहीं रहता, इसलिए यदि अच्छा समय भी नहीं रहा, तो बुरा समय भी नहीं रहेगा?
6. दूसरों की तरक्क़ी से आपको ईर्ष्या नहीं, बल्कि खुद ऊपर उठने का साहस और प्रेरणा मिलती है?
7. आप अपने ही दुःख को ही सब कुछ नहीं मानते, आप मानते हैं कि कुछ ऐसे भी व्यक्ति हैं, जिनका दुःख आपके दुःख से कहीं ज़्यादा है?
8. आप इस बात से सहमत हैं कि खुदकुशी करना कायरता की निशानी है?
9. जो आपको नहीं मिला आपको उसका ग़म नहीं, बल्कि जो आपको मिला है, आप उसके बारे में ज़्यादा सोचते हैं?
10. भविष्य की आप योजनाएं बनाते हैं, परन्तु उसके परिणाम में अपने आज को ख़राब नहीं करते?
11. आप बिना किसी आलस के समय का ज़्यादा से ज़्यादा सदुपयोग करने की कोशिश करते हैं?
12. आप अपने–आपको माहौल के अनुसार आसानी से ढाल लेते हैं?
13. आपको कोई कार्य करना है तो करना है, इसके लिए आप किसी पर निर्भर रहना पसन्द नहीं करते?
14. आप किसी को दोष या ज़िम्मेदार ठहराने से पहले उसकी ग़लती या गुनाह के पीछे छिपी मजबूरी को समझने की कोशिश करते हैं?
15. अपनी हार या बुरे नतीज़ों से बचने के लिए आप बहाने बनाने की बजाय, उन कमियों को स्वीकारते हैं और उनसे सीख लेते हैं?

स्कोर

- 10–15 : इसमें कोई दो राय नहीं कि आपका नज़रिया साफ़ और सकारात्मक है। आपके जीवन में किसी भी प्रकार का दुःख या आपत्ति आयेगी तो आप उस पर आसानी से क़ाबू पा लेंगे। आप अपनी सोच एवं नज़रिए को यों ही बरक़रार रखिए।

- 5–10 : आपका नज़रिया ठीक–ठीक है। न ज़्यादा सकारात्मक है और न ही ज़्यादा नकारात्मक। जीवन में सफल होने के लिए आपको अपनी सोच को विस्तार देना चाहिए, ताकि आपका नज़रिया और व्यापक हो सके।

- 1–5 : बड़े खेद के साथ कहना पड़ रहा है कि आपकी सोच बहुत ही छोटी और आपका नज़रिया बेहद तंग है। यदि आपका यही नज़रिया रहा, तो वह दिन दूर नहीं जब आप खुद को ही अपने कारण दुःखी और हताश पायेंगे। आपको अच्छा साहित्य पढ़ना चाहिए।

कितने तनहा (Lonely) हैं आप?

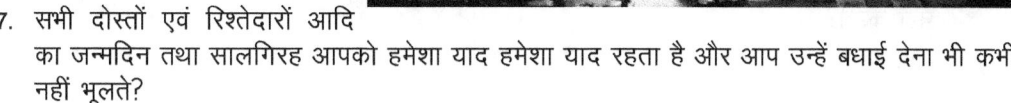

1. आपके साथ ऐसा कोई नहीं, जिससे आप अपने दिल की बात कह सकें या घूम सकें?
2. आपको बीती बातों तथा यादों के बारे में सोचकर सुकून मिलता है?
3. आपके पास लोगों के फ़ोन न के बराबर आते हैं?
4. आपको किसी अजनबी से घुलने–मिलने में ज़्यादा समय लगता है?
5. जब आपको बोलने का मौक़ा मिलता है तो आप बिना रुके बोलते ही रहते हैं?
6. घर में मेहमानों के आने से आपकी खुशी का ठिकाना नहीं रहता?
7. सभी दोस्तों एवं रिश्तेदारों आदि का जन्मदिन तथा सालगिरह आपको हमेशा याद हमेशा याद रहता है और आप उन्हें बधाई देना भी कभी नहीं भूलते?
8. ग़लती चाहे किसी की भी हो, आप शीघ्र मनाने या माफ़ी माँगने बैठ जाते हैं?
9. आपकी ज़िन्दगी में नियम, लक्ष्य, सपना और इच्छा जैसे शब्दों का कोई महत्त्व नहीं है?
10. छोटी–छोटी चीज़ों को ग़ौर से देखना या गहराई से सोचकर उसके भीतर छुपे रहस्य को जानना आपको अच्छा लगता है?
11. दिल बहलाने, मनोरंजन या त्योहार आदि मनाने के लिए आप को बहाने ढूँढ़ने पड़ते हैं?
12. क्या आपको खिलौनों या अपनी पुरानी चीज़ों के प्रति इतना लगाव है कि आप इन्हें संजोकर अपने पास रखना पसन्द करते हैं?
13. सजने–संवरने या अप–टू–डेट (up-to-date) रहने तथा ट्रेंड के साथ चलने का आपका मन तो करता है, पर फिर भी आप चल नहीं पाते?
14. बातचीत के दौरान आपकी आवाज़ तथा हँसी ऊँची हो जाती है और लोग आपके स्वर को धीमा करने के लिए कहते हैं?
15. क्या नाखून, पेंसिल चबाना या बालों में हाथ फेरना आपकी आदत है?

स्कोर

- 10–15 : आप सच में तनहा हैं। आपको चाहिए कि आप अपनी जान–पहचान का दायरा बढ़ाएँ। अपनी ऊर्जा को कुछ रचनात्मक (Creative) कार्यों में लगायें। खुद में आत्मविश्वास पैदा करें। वरना यह तनहाई आपको एक दिन मानसिक रोगी बना देगी।
- 5–10 : आप ऐसी जगह पर खड़े हैं, जहाँ आपकी तनहाई आपको कहीं भी खींच सकती है। इसलिए खुलेपन का और शिकार न हो और न ही गहराई में जायें। अपने मानसिक सन्तुलन एवं दृष्टिकोण पर कड़ी नज़र रखें, वरना आप पूरी तरह तन्हाई का शिकार हो सकते हैं।
- 1–5 : कभी–कभी की तनहाई से आप न घबराएँ, जीवन में इतना सूनापन नुक़सानदेह नहीं, बल्कि फ़ायदेमंद होता है। यह आपको सही और ग़लत की पहचान करने तथा निर्णय लेने में मदद करता है।

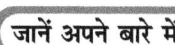

कितने शिष्टाचारी (Well-mannered) हैं आप?

1. बिना सोचे–समझे तथा पूछे दूसरों की बातचीत के बीच में आपको बोलने की आदत है?
2. क्या आपको लोगों के वेतन, यानी सेलरी पूछने की आदत है?
3. हिचकी या छींक आदि आने के बाद आप 'सॉरी' या 'एक्सक्यूज़ मी' जैसे शब्दों का प्रयोग करते हैं?
4. खाना खाने से पहले या बाद में आप हाथ धोते हैं?
5. घर आये मेहमान को कभी भी आप दरवाज़े तक छोड़ने नहीं जाते?
6. आप यार–दोस्तों की पार्टी आदि में शामिल तो हो जाते हैं, परन्तु खुद अपने यहाँ उन्हें निमंत्रित नहीं करते?
7. आपकी ग़लतियों के कारण लोगों को जो असुविधा या तकलीफ़ होती है, इसके लिए कभी आप 'सॉरी' नहीं कहते?
8. आप बिना सोचे–समझे किसी का भी मज़ाक उड़ाने में पीछे नहीं रहते?
9. जब आपके सामने खाने के लिए कुछ रखा जाता है, तो आप पूरी प्लेट साफ़ कर देते हैं?
10. सार्वजनिक स्थानों पर नाक–कान आदि में अँगुली डालना या थूकना आपकी आदत है?
11. खाना खाते या चाय आदि पीते समय आपके मुँह से आवाज़ आती है?
12. आम जगहों पर आपके हाथ साथी की कमर एवं कंधों पर रहते हैं तथा आप खाने–पीने की वस्तुओं को कहीं भी फेंक देते हैं?
13. बात चाहे जो भी हो, किसी भी बात का जवाब दिये बिना आप नहीं रह सकते?
14. दूसरों के घर–दफ़्तर में बैग या टेबल में हर चीज़ को टटोल कर देखना आपकी आदत है?
15. स्वयं को शुभचिंतक या भला साबित करने के लिए लोगों से इधर–उधर की बातें करना तथा दूसरों के घरों की ख़बर रखना, आप अपनी शान समझते हैं?

स्कोर

- 10–15 : आप किसी भी वर्ग या श्रेणी के क्यों न हों, परन्तु यह तो तय है कि आप में मैनर्स यानी तहज़ीब की कमी है। यही कमी आपको समय–समय पर परेशानियों में डालती रहेगी। ऐसी आदतें आपके सम्बन्धों को भी प्रभावित करती रहेंगी। आपको चाहिए कि इस बारे में सोच–विचार करें तथा स्वयं को बदलने की कोशिश करें, वरना आपने जो कुछ भी हासिल किया है, वह आपके हाथों से फिसल जायेगा और आप हाथ मलते रह जायेंगे।
- 5–10 : यों तो जीवन परिवर्तनशील है, परन्तु आप अपने जीवन के उतार–चढ़ाव के लिए काफ़ी हद तक खुद ही ज़िम्मेदार हैं। अपने व्यवहार में परिवर्तन लायें, फिर देखें कि आपके जीवन की रुकावटें कैसे ख़त्म हो जाती हैं।
- 1–5 : आपके पास कोई हुनर हो या न हो, परन्तु आपका वेल मैनर्ड (शिष्टाचारी) होना आपकी असली पहचान है। यही आपको अन्य लोगों से अलग बनाता है। तहज़ीब की बदौलत ही आप एक पल में सबको अपना बना लेते हैं तथा जीवन के हर मोड़ पर कोई न कोई आपका साथ देने को तैयार हो जाता है।

कितने दुश्चरित्र (Bad Character) हैं आप?

1. आप दूसरों की मेहनत में खुद का श्रेय लेने की कोशिश करते हैं?
2. आप अपनी ताक़त हैसियत, ओहदे एवं सम्बन्धों का नाजायज़ फ़ायदा उठाते हैं तथा तब तक आप सामने वाले की मदद नहीं करते, जब तक वह आपसे विनती नहीं करता?
3. आपने किसकी, कब और कितनी मदद की इस बात का ढिंढोरा पीटे बिना आप नहीं रह सकते?
4. जब लोगों को आपकी ज़रूरत होती है या मदद की उम्मीद होती है, तब आप आसानी से बहाना बना देते हैं?
5. आप उपहार देने वाले का दिल या भावना नहीं, उपहार की क़ीमत का आकार देखते हैं?
6. दूसरे को दुःख–तकलीफ़ में देखकर आपको अच्छा लगता है?
7. आप झूठ बोलने में इतने माहिर हैं कि आपके झूठ को भी लोग सच समझ लेते हैं?
8. आप मुसीबत के समय गधे को अपना बाप बनाने की कला में माहिर हैं? अर्थात् मुसीबत के समय किसी भी समझौते को तैयार हो जाते हैं?
9. आपका काम निकल जाने के बाद आप लोगों से पल्ला झाड़ लेते हैं?
10. आपके लिए वादा करना और उससे पीछे हटना आम बात है?
11. आप अपनी योजनाओं की ख़बर किसी को नहीं लगने देते?
12. किसी की कमज़ोरी का फ़ायदा उठाना या ब्लैकमेल करना आपको खूब आता है?
13. स्वयं को अच्छा और सही साबित करने के लिए खुद में कमी ढूँढ़ने के बजाय सामने वाले को ग़लत या साबित करने पर ज़ोर देते हैं?
14. आपसे किसी का भी राज़, राज़ नहीं रखा जाता? आपको जग ज़ाहिर करने में मज़ा आता है?
15. आपको ऐसे लोगों से मिलना–जुलना अवश्य रखते हैं, जो अपने साथियों का बुरा करते हैं?
16. आपको हर छोटी बात याद रहती है, जैसे किसने, कब, क्या, क्यों, कैसे, किसको कहा तथा आप सामने वाले को उन बातों को दोहराना या गिनाना नहीं भूलते?
17. दूसरों की ग़लती को बढ़ा–चढ़ाकर बताना या उसे समय–असमय ताने देना आपको अच्छा लगता है?
18. आप अपने दुःख से कम, दूसरे के सुख से अधिक परेशान रहते हैं?
19. आप अपना उल्लू सीधा करने के लिए खुद को बेवकूफ़ साबित करने से भी नहीं हिचकिचाते?
20. आप सामने वाले की कमज़ोरी का नाजायज़ फ़ायदा उठाते हैं?
21. बिना लाभ की दृष्टि से आप किसी की मदद नहीं करते?

स्कोर

- 14–21 : खेद के साथ कहना पड़ रहा है कि आप बहुत ही नकारात्मक इनसान हैं। रिश्ते–नाते तो दूर, आप जान–पहचान तक रखने के लायक नहीं। अपने इस रवैये से भले ही आप भौतिक जीवन में बहुत कुछ हासिल कर लें पर, आप वास्तविक सुख से सदा वंचित रहेंगे। इतनी चालाकी अच्छी नहीं, आपको अपने–आपको सुधारना चाहिए, वरना आपका एक दिन बहुत बुरा हश्र होगा।
- 7–14 : भले ही अधिक न सही पर चालाक तो आप भी हैं। लेकिन, आपकी चालाकी हर बार किसी का दिल दुखाए यह ज़रूरी नहीं। सामने वाले का भले ही आप जानकर बुरा न चाहें, पर बुरा होने की संभावना है। ग़लती थोड़ी हो या छोटी ग़लती, ग़लती होती है। इसलिए अपने स्वभाव की परख करें और उस पर क़ाबू पायें।
- 1–7 : आप निश्चिंत रहें। थोड़ा बहुत चालाक तो हर कोई होता है। सदा दूसरे के सुख की परवाह करके जिया भी नहीं जा सकता, क्योंकि हर इनसान चाहे भी तो सब को सुखी नहीं कर सकता। न केवल जीने के लिए, बल्कि आपस में सौहार्द बनाये रखने के लिए पूरी सच्चाई एवं ईमानदारी के साथ जिया भी नहीं जा सकता। इसलिए आप चिंतित न हों। इस स्थिति एवं स्तर को बनाये रखें।

कहीं आप मज़ाक़ के पात्र (Laughing-stock) तो नहीं?

1. क्या आप बिना सोच–विचार के, मौक़ा एवं परिस्थितियों को देखे बिना ज़ोर–ज़ोर से बोलते हैं?
2. आप हमेशा अपनी ही बातों एवं विचारों को सही एवं केवल सही बताते हैं। और कोई नहीं मानता, तो आप ज़िद्द पर अड़ जाते हैं या नाराज़ हो जाते हैं?
3. आप ज़रूरत से ज़्यादा सीधा, सभ्य एवं सम्वेदनशील दर्शाते हैं तथा हमेशा ऐसी भाव–भंगिमाएँ बनाते हैं कि जैसे आप कुछ जानते ही नहीं तथा ज़रूरत से ज़्यादा औपचारिकता के साथ बात करते हैं या फिर ज़रूरत से ज़्यादा तेज़, समझदार एवं ज्ञानी समझते हैं।
4. बातों के दौरान आपका बर्ताव एवं हरकतें छोटे बच्चों जैसी होती हैं?
5. जब भी आप बात करते हैं, तो अपने मुँह से अपनी खुद की तारीफ़ करते हैं?
6. आप अपनी ही बात करते रहते हैं, दूसरी की सुनते ही नहीं और यदि सुनते भी हैं तो बिना माँगे अपनी राय देते रहते हैं?
7. झूठ बोलना, गप मारना, लम्बी–लम्बी हाँकना तथा काल्पनिक बातें करना आपकी आदत है?
8. क्या आप दूसरों की बात ख़त्म होने से पहले ही अपनी बात शुरू कर देते हैं?
9. आपकी हँसी एवं हँसने का तरीक़ा ज़रूरत से ज़्यादा तेज़ एवं भिन्न है तथा आप बिना वजह भी हँसते रहते हैं?
10. बातचीत के दौरान आप ज़रूरत से ज़्यादा ही हाथ, आँख या गर्दन को हिलाते हैं?
11. बातें करते समय अधिकतर आपके थूक की छीटें सामने वाले पर अवश्य पड़ती हैं?
12. आप स्वयं अपनी कही हुई बातों को पुनः दुहराते हैं?
13. बातें करते–करते कब आपकी अँगुली, नाक–कान में चली जाती है, आपको पता ही नहीं चलता?
14. आप संजीदा बातों पर भी हँसते हैं तथा सामने वाले की बातों को मज़ाक़ में टाल जाते हैं?
15. विषय भले ही कोई सा भी हो आप बोलते ज़रूर हैं तथा हर विषय पर ज़रूरत से ज़्यादा बोलते हैं?

स्कोर

- 10–15 : निःसंदेह ही आप मज़ाक़ के पात्र हैं। यह ज़रूरी नहीं कि लोग आपके सामने ही आपका मज़ाक़ उड़ाएं, हो सकता है कि आपकी पीठ पीछे भी लोग आप पर हँसते हो। यदि इनमें से कोई भी बात आपकी आदतों में शामिल है तो शीघ्र ही उनमें सुधार लायें। इससे आपकी पर्सनैलिटी तो डाऊन होती ही है, साथ में आप मज़ाक़ का पात्र भी बन जाते हैं?
- 5–10 : भले ही आप मज़ाक़ के पात्र न हों, लेकिन आपकी यही आदत रही, तो आपकी हालत बिगड़ सकती है यानी लोग आपका भी मज़ाक़ बना सकते हैं। अपनी मौलिक एवं शारीरिक भाषा (Body Language) को ठीक से उपयोग करें अपनी आदतों एवं व्यवहार पर नियन्त्रण रखें। दूसरे को हँसाने की कोशिश कहीं आपका मज़ाक़ का पात्र न बना दे।
- 1–5 : आप निश्चित रहें। स्थान, परिस्थिति, मौक़े एवं निकटतम सम्बन्धों के चलते कई बार हमारे बर्ताव में थोड़ी तबदीली आ जाती है या यों कहें कुछ चीज़ें हमारे व्यवहार को हिस्सा बन जाती हैं, जो स्वाभाविक भी होती हैं।

प्रिय पाठकों!

आज आप इतनी ही प्रश्नावलियों के द्वारा अपने व्यक्तित्व की पहचान कीजिए, साथ–साथ खुद से भी आप प्रण कीजिए कि आप अपनी कमियों को दूर करने की पूरी कोशिशें करेंगे। अपनी कमियों को दूर करके ही आप अपने व्यक्तित्व में सुधार ला सकते हैं।

क्या आप तनाव से मुक्त (Tension-free) हैं?

1. नये बदलावों तथा माहौल को स्वीकारने में आप हिचकिचाते हैं?
2. किसी नये काम की खुशी के अवसर का हिस्सा बनने से आप कतराते हैं?
3. आप एक ही बात को कई बार दोहराते हैं?
4. आप लोगों के फ़ोन नम्बर तथा नाम शीघ्र भूल जाते हैं?
5. सुबह उठने पर भी आप स्वयं को हलका या ताज़ा महसूस नहीं करते?
6. क्या आप बात करते–करते यह भूल जाते हैं कि आप क्या कहने जा रहे थे?
7. ख़ाली समय में आप नाखून या पेंसिल आदि चबाते हैं?
8. आप चीज़ें खुद रखकर भूल जाते हैं और न मिलने पर परेशान हो जाते हैं?
9. क्या आप टी.वी. देखते समय या कोई गाना आदि सुनते वक़्त अपनी किसी दुनिया में खो जाते हैं?
10. किसी भी बात को आप एक बार में सुनने या समझने में असमर्थ रहते हैं?
11. आप जब भी शीशे के आगे बैठते हैं तो ख़यालों में खो जाते हैं?
12. बातचीत के दौरान आप बोलना कम, सुनना ज़्यादा पसन्द करते हैं?
13. क्या आप खाना ज़रूरत से ज़्यादा धीरे या देर में खा पाते हैं?
14. कई दिन पुरानी बातें को आप पुनः याद दिलाकर बहस करते हैं?
15. ख़रीदारी करने के बाद आपको ख़र्चों के हिसाब–किताब रखने में कठिनाई होती है?

स्कोर

- 11–15 : आप तनाव में जी रहे हैं, जिसकी वजह से आप मानसिक रूप से अस्वस्थ रहते हैं। यह तनाव आगे चलकर बड़ा रोग बने, उससे पहले आपको किसी मनोचिकित्सक से सलाह–मशवरा अवश्य करना चाहिए।
- 6–10 : आप भीड़ में या लोगों के बीच में तनाव में नहीं रहते, लेकिन जैसे ही आप अकेले होते हैं आप तनाव का शिकार होने लगते हैं और यह तनाव आपको अतीत की भूली–बिसरी बातों को लेकर ही होता है। आपको चाहिए कि आप अपने ख़ाली समय में रचनात्मक कार्य करें और अपने–आपको ज़्यादा–से–ज़्यादा व्यस्त रखें।
- 1–5 : आपको चिन्ता करने की कोई ज़रूरत नहीं है। आपका व्यवहार सामान्य है। थोड़ी–बहुत चिन्ता का होना तो स्वाभाविक है, इसलिए आप निश्चिंत रहें और स्वयं को इसी तरह बनाये रखें।

कितने व्यस्त (Busy) हैं आप?

1. आपके ज़्यादातर कार्य अधूरे रहते हैं?
2. आपका भोजन करने का कोई नियमित समय नहीं है?
3. आप टाइम टेबल बनाते हैं और खुद ही उस पर अमल नहीं करते?
4. क्या आपको चाँद को देखे हुए हफ़्ते से ज़्यादा हो गया?
5. आस–पड़ोस की गतिविधियों की ख़बर आपको सबसे बाद में होती है?
6. आपके फ्रिज़ में क्या पड़ा है या पड़ी हुई वस्तु ख़राब हो रही है, यह आपको चीज़ के ख़राब होने के बाद पता चलता है?
7. हफ़्ते में चार दिन भी आप पूरी नींद नहीं ले पाते?
8. फ़ोन या दरवाज़े की घण्टी बजने पर आप किसी दूसरे का इन्तज़ार करते हैं?
9. क्या पूरे दिन में आप एक घण्टा भी टी.वी. या अपने मनोरंजन के लिए नहीं निकाल पाते?
10. क्या हफ़्ते में चार दिन भी आप अपने परिवार के साथ बैठकर खाना नहीं खा पाते?
11. कोई अपना परिचित कहीं रास्ते में आपके अलग–बग़ल से निकल जाता है और आपको पता भी नहीं चलता
12. क्या आपके घर में हफ़्ते में चार दिन से ज़्यादा खाना बाहर से आता है?
13. क्या आप अपना या प्रियजनों का जन्मदिन भूल जाते हैं?
14. आप किससे कब और क्या कह देते हैं, यह आपको कोई दूसरा याद दिलाता है?
15. आप अपने ज़्यादातर काम कल पर या दूसरे पर यह कहकर टालने की कोशिश करते हैं कि आप व्यस्त हैं, आपके पास समय नहीं है?

स्कोर

- 10–15 : आप ज़रूरत से ज़्यादा अपने जीवन में व्यस्त हैं। यह प्रवृति अपने–आप में एक रोग है। यह रोग आपको शारीरिक ही नहीं, बल्कि मानसिक थकावट भी देता है। यह आपके पूरे जीवन को प्रभावित कर सकता है, इसलिए आपको चाहिए कि आप कुछ समय अपने और अपने परिवार के लिए भी निकालें। मानसिक शान्ति आपको न केवल चिन्ताओं से दूर रखेगी, बल्कि आपके निजी व व्यावसायिक जीवन में भी निखार लाएगी।
- 5–10 : भले ही आप ज़रूरत से ज़्यादा व्यस्त नहीं हैं, लेकिन यह व्यस्तता आपको खुशी एवं मनोरंजन के मौक़े नहीं दिला पाती। आपको चाहिए कि आप ज़रूरत के अनुसार अपने कार्यों तथा ज़िम्मेदारियों को प्राथमिकता दें। इतना ही नहीं, आप ज़्यादा–से–ज़्यादा त्योहारों व समारोह का हिस्सा बनें और जीवन का आनन्द उठाएं।
- 1–5 : आप निश्चिंत रहें। आपका जीवन सन्तुलित है। जीवन में इतना व्यस्त रहना स्वाभाविक है। यह वह व्यस्तता है, जिसे व्यस्तता कहना ग़लत होगा। आप जीवन में ठीक दिशा की ओर जा रहे हैं। आपको चाहिए कि आप इस सन्तुलन को यों ही बनाये रखें।

क्या आप अंधविश्वासी (Superstitious) हैं?

1. घर में भगवान की पुरानी मूर्तियों एवं चित्रों को फेंकना आपको अपराध भाव का बोध कराता है?
2. घर से किसी अच्छे कार्य के लिए निकलते समय क्या आप कुछ मीठा ज़रूर खाते हैं?
3. आपकी तबीयत या कोई अन्य कार्य अचानक ख़राब हो जाये तो आप उसे अपना कम दूसरों की नज़र का दोष ज़्यादा मानते हैं?
4. अपने घर के दरवाज़े या रास्ते में किसी साधु–संत को देखकर आप उनके अपमान के भय से उन्हें कुछ दान ज़रूर देते हैं, ताकि वह आपको आशीष दें?
5. रात में बुरे सपने के कारण आप अपना पूरा दिन चिन्ता में काट देते हैं और भयभीत रहते हैं कि कुछ बुरा होने वाला है?
6. आप अपने गले या बाजू में नज़र से बचने के लिए काला धागा या ताबीज़ अवश्य बाँधते हैं?
7. आप मानते हैं कि रात 2 बजे से लेकर 4 बजे तक का समय भूत–प्रेत एवं पिशाचों का होता है?
8. आप मानते हैं कि शादी–विवाह आदि शुभ कार्यों के समय विधवा एवं बाँझ स्त्रियों को वहाँ नहीं होना चाहिए?
9. आपकी नज़र में पूजा के दौरान दीपक की बाती का बुझना किसी अनिष्ट का सूचक है?
10. आपके हाथों काँच या शीशा टूट जाये तो आप यह सोचते हैं कि बुरे ग्रह टल गये?
11. आपकी हथेली जब खुजाती है, तब आप यह समझते हैं कि आपको कहीं से धन मिलने वाला है?
12. आपकी आँख फड़कती है तो आप इस चिन्ता में डूब जाते हैं कि आपके साथ कुछ बुरा होने वाला है?
13. जब आपको हिचकियाँ आती हैं, तब आप यही सोचते हैं कि कोई आपको याद कर रहा है?
14. आपके आँगन या मुंडेर पर कौआ बोले तो आप समझते हैं कि कोई मेहमान अवश्य आयेगा?
15. आप अपने स्वास्थ्य की परवाह भले ही न करें, परन्तु अपने व्रत–उपवास को पूरा करने में कोई क़सर नहीं छोड़ते?
16. आप अख़बारों एवं पत्रिकाओं में कुछ पढ़ें या ना पढ़ें पर अपना राशिफल ज़रूर पढ़ते हैं?
17. आप कोई भी कार्य बिना किसी शुभ–मुहूर्त के आरम्भ नहीं करते?
18. आप मानते हैं कि बिल्ली का रास्ता काटना या किसी व्यक्ति का छींकना कार्य में बाधा पैदा करता है?

स्कोर

- 12–18 : आप ज़रूरत से ज़्यादा अंधविश्वासी हैं। आपका यह अंधविश्वास आपको न केवल नकारात्मक बनायेगा बल्कि आपके कार्यों में विलम्ब भी करेगा। परिणामों के प्रति भय तथा जीवन के प्रति असुरक्षा का भाव आपके व्यक्तित्व के साथ–साथ आपकी मानसिक स्थिति को प्रभावित भी करेगा। आपको चाहिए कि आप आँख बन्द करके किसी की बात पर यों ही यक़ीन न करें, थोड़ा अक़्ल से भी काम लें।
- 6–12 : कुछ कम ही सही, लेकिन अंधविश्वासी तो आप हैं ही। आपको चाहिए कि आप विश्वास और अंधविश्वास के अन्तर एवं उनसे सम्बन्धित परिणामों को समझें, ताकि आपको विश्वास में छुपी ताक़त और अंधविश्वास में छुपी व्यर्थता का बोध हो सके।
- 1–6 : आप निश्चित रहें, आप अंधविश्वासी नहीं हैं। आप व्यावहारिक होने के साथ–साथ आत्मविश्वासी भी हैं। आपकी सकारात्मक सोच और स्वयं को हर अनुभव से गुज़रने का जुनून आपको साहसी होने के साथ–साथ परिश्रमी एवं स्वावलम्बी भी बनाता है।

कितने फ़िट (Fit) हैं आप?

1. मौसम एवं स्थान के बदलते ही आपका शरीर सरलता से बीमारी की चपेट में आ जाता है?
2. पूरी नींद लेने के बाद भी आप नींद एवं आलस का अनुभव करते हैं तथा शरीर भारी–भारी रहता है?
3. आपका पेट ज्यादातर ख़राब रहता है और आपको शौच में दिक़्क़त आती है?
4. आपको ना ही खुलकर भूख लगती है और ना ही चैन की नींद आती है?
5. आपका मन ज़्यादातर चिड़चिड़ा एवं गुस्से से भरा रहता है?
6. आप बाहर का कुछ खा लेते हैं, तो बीमार पड़ जाते हैं?
7. आपको सर्दी और गर्मी दोनों ही ज़रूरत से ज़्यादा लगती है तथा आपके लिए इसे सहना मुश्किल हो जाता है?
8. यदि आपको किसी दिन नियमित काम से ज़्यादा काम करना पड़ जाये तो आपको कमज़ोरी घेर लेती है?
9. आप जल्दी–जल्दी बीमार पड़ते रहते हैं तथा आपको पुनः स्वस्थ होने में अधिक समय लगता है?
10. व्यायाम, योग ध्यान या टहलना जैसा कोई कार्य आपको अच्छा नहीं लगता?
11. घर हो या ऑफ़िस, रिश्तेदार हों या दुकानदार, आपको न केवल उनसे शिकायत होती, बल्कि आप उनसे लड़ते भी रहते हैं?
12. आप निराशावादी है? यानि हर चीज़ का नकारात्मक पहलू आप देखते हैं?
13. आपके दिमाग़ में काम की बातें कम बेक़ार की चीज़ें ज़्यादा रहती हैं या आपकी याददाश्त कमज़ोर है?
14. आपको बाहर का या फ़ास्ट फूड खाना ज़्यादा पसन्द है?
15. आपका वज़न आपकी उम्र एवं लम्बाई के हिसाब से ज़्यादा या कम है तथा लगातार बढ़ या घट रहा है।

स्कोर

- 10–15 : आप ज़रा भी फ़िट नहीं हैं। न केवल शारीरिक बल्कि मानसिक रूप से भी आप बीमार हैं। आपको किसी चिकित्सक से सलाह–मशवरा अवश्य करना चाहिए।
- 5–10 : भले ही आपकी हालात ज़्यादा ख़राब न हो, पर सच तो यह है कि ज़्यादा फ़िट तो आप भी नहीं, स्वयं ही अपने शरीर एवं मन में आये परिवर्तनों पर ध्यान दें, उसे साधारण थकावट समझकर नज़र–अन्दाज़ न करें।
- 1–5 : आप निश्चिंत रहें, आप बिलकुल फ़िट हैं। अपनी दिनचर्या में आप व्यायाम, सन्तुलित भोजन, अच्छी आदत, संगत एवं अच्छी नींद आदि को शामिल कर लें ताकि आपका स्वास्थ्य सदा ठीक रहे।

क्या आपकी दोस्ती (Friendship) प्यार (Love) है?

1. किसी से अपने दोस्त का नाम सुनकर आपके चेहरे पर रौनक आ जाती है?
2. क्या आपको अपने से ज़्यादा अपने दोस्त की चिन्ता रहती है?
3. क्या आप अपने दोस्त से मिलने के लिए समय से पहले पहुँच जाते हैं?
4. दोस्त से मिलने से पहले आप तय नहीं कर पाते कि आपने क्या पहनना है और क्या नहीं?
5. मिलने पर किन विषयों पर बात करनी है तथा किन प्रश्नों का ज़िक्र करना है, इन सबके बारे में पहले से सोच लेते/लेती हो?
6. हर अगली मुलाक़ात के लिए आप बेचैन रहते हैं?
7. आप अपने दिल की बात अपने दोस्त से किसी तीसरे के ज़रिए या बहाना बनाकर करते हैं?
8. आप सामान्यतयः अपने दोस्त के फ़ोन का इन्तज़ार करते हैं?
9. आम जगहों से निकलकर क्या आपकी, अपने दोस्त से कहीं तनहाई में मिलने की इच्छा होती है?
10. मुलाक़ात के समय आपको समय का पता ही नहीं चलता तथा आपको यह महसूस होता है कि आप घर जल्दी जा रहे/रही हैं?
11. बहुत कुछ कहकर भी ऐसा लगता है कि जैसे आपने कुछ भी नहीं कहा?
12. क्या आपको त्योहारों से ज़्यादा दोस्त के जन्मदिन के आने का इन्तज़ार रहता है?
13. क्या बातें करते समय आप सिर्फ़ दोस्त के पूछने पर ही जवाब देते हैं?
14. जब भी आप शॉपिंग पर जाते हैं तो दोस्त के लिए कुछ सरप्राइज़ गिफ़्ट ज़रूर लेते हैं?
15. आपको अपने बीच किसी तीसरे का ज़िक्र या मौजूदगी मुसीबत लगती है?

स्कोर

- 10–15 : आप मानें या न मानें, लेकिन यह बात पूरे तौर पर सच है कि आपको अपने दोस्त से प्यार है। आपको चाहिए कि आप आगे के बारे में सोचे और उस पर अमल करें।
- 5–10 : आपकी दोस्ती आम दोस्ती से गहरी है, जो आगे चलकर कभी भी प्यार में बदल सकती है, इसलिए सतर्क रहें और स्वयं को किस अंजाम तक ले जाना है, विचार करें।
- 1–5 : आप चिन्ता न करें। आपकी दोस्ती प्यार के दायरे में नहीं आती। हाँ, आपकी दोस्ती को एक अच्छी दोस्ती कहा जा सकता है।

अपने सौन्दर्य को लेकर कितनी चिन्तित (Beauty-conscious) हैं आप?

1. अपने चेहरे पर निशान या मुँहासे आदि को देखकर चिन्तित हो उठती हैं। जब तक ये ठीक न हो जायें, किसी से बातचीत के दौरान आप इन्हें अँगुलियों से छुपाती रहती हैं?
2. आपके पर्स या बैग में हमेशा मेकअप किट/मेकअप का सामान मौजूद रहता है?
3. अगर कोई कह दे कि आप पहले से काली/साँवली या मोटी/पतली हो गयी हैं, तो आप दोस्तों व घर वालों से पूछती फिरती है कि क्या ये सच है और फिर इसे लेकर आप चिन्तित हो जाती हैं?
4. आप जब भी किसी पत्रिका या अख़बार आदि में कुछ तस्वीरें देखती हैं तो आपकी नज़र सिर्फ़ इस बात पर होती है कि किसने क्या पहना है और खुद को कैसे संवारा हुआ है?
5. भीड़ में अलग दिखने के लिए आप हमेशा स्वयं में बदलाव करती रहती हैं, जैसे हेयर स्टाइल बदलना या उन्हें कलर करना आदि।
6. गर्मियों में आप बिना सनग्लास (Sunglass) व छतरी के घर से बाहर नहीं निकलती?
7. अगर कोई पार्टी का अवसर न हो, तो भी आप नियमित तौर पर ब्यूटी पार्लर जाती हैं?
8. बाल काटने या सिर धोने के दौरान यदि आपके 7-8 बाल टूट या झड़ जाते हैं, तो आपके लिए चिन्ता का विषय बन जाता है?
9. कहीं बाहर जाने के लिए आपको तैयार होने में अधिक समय लगता है?
10. आप की कोशिश होती है कि सिर से पाँव तक जो कुछ भी पहनें, वो सब कुछ मैचिंग का ही हो?
11. किसी विशेष मीटिंग व डेटिंग आदि पर जाने से पहले आप कभी यह तय नहीं कर पातीं कि क्या पहनें, कैसा और कितना मेकअप करें, आदि?
12. टी.वी. पर सीरियल व समाचार आदि से ज़्यादा आपको फ़ैशन व ब्यूटी शो देखना पसन्द है?
13. ऑफिस व पार्टी में आपकी कोशिश रहती है कि आपकी ड्रेसज़ कम से कम रिपीट हों?
14. आप बदलते फ़ैशन के साथ-साथ खुद को भी बदलती हैं?
15. जब भी आप बाज़ार या पार्टी से घर लौटती हैं तो घर में घुसते ही आप सबसे पहले शीशे में खुद को देर तक निहारते हुए सोचती हैं कि वहाँ आप कैसी लग रही थीं?

स्कोर

- **10–15 :** आप अपने लुक्स और ब्यूटी को लेकर बहुत कॉन्शस हैं। हालाँकि इसमें कोई बुरी बात नहीं है, यह आपका निजी मामला है। लेकिन ज़रूरत से ज़्यादा चिन्ता आपको वहमी बना सकती है, जिसका असर आपकी त्वचा, शरीर व व्यक्तित्व पर भी पड़ सकता है। ध्यान रहे कि अति हर चीज़ की ख़तरनाक होती है।

- **5–10 :** आप निश्चिंत रहें, महिलाओं में अपनी लुक्स व ब्यूटी को लेकर इतनी चिन्ता होना स्वाभाविक है। यह तो अच्छी बात है कि आपने सौंदर्य व व्यक्तित्व के बीच सन्तुलन बनाया हुआ है, जो कि आज के दौर में बेहद ज़रूरी है।

- **1–5 :** लुक्स ब्यूटी के प्रति इतनी लापरवाही ठीक नहीं। ख़ासतौर पर महिला होने के नाते आपमें इन लक्षणों का न होना जीवन के प्रति नीरसता को दिखाता है। आपको चाहिए कि अपनी ब्यूटी व लुक्स के प्रति थोड़ा-सा ध्यान देकर अपनी पर्सनैलिटी को सुन्दर व आकर्षक बनाकर समय के साथ-साथ चलें।

कितनी साहसी (Bold) हैं आप?

1. आप लोगों के सामने अपने दिल की बात बिना किसी डर के कह देती हैं?
2. एक लड़का आपको देख रहा है आप शरमाते या वहाँ से भागने की बजाय उसे अच्छी तरह झाड़कर आती हैं?
3. आपको रात में यदि ख़ाली घर में सोना पड़े तो आप चैन की नींद सो लेती हैं?
4. यदि आपको कोई काम करना हो तो करना है, इसके लिए आपको कोई साथ ना दे आपको कोई फ़र्क़ नहीं पड़ता?
5. खरीदा हुआ कोई भी समान घर पर लाने के बाद उसे दुकानदार को वापिस करके आती हैं इसका कारण आप इसकी गुणवत्ता या पुराना मानती हैं।
6. आप अपने सभी रिश्तों एवं सम्बन्धों के बीच अपनी सभी कर्तव्य एवं ज़िम्मेदारियों को भली प्रकार से निभा लेती हैं?
7. ग़लत को ग़लत तथा सही को सही कहने की हिम्मत रखती हैं?
8. आप अपने साथ हुई छेड़छाड़ या दुर्व्यवहार की शिकायत दर्ज कराती हैं?
9. आप मानती हैं कि स्त्री पुरुष में कोई भिन्नता नहीं होती, महिलाएँ भी वो सारे काम कर सकती हैं, जिन्हें पुरुष कर सकते हैं?
10. आपके बच्चे को और उसके साथियों को अपने अध्यापक से शिकायत है तो इस बात का खुलासा टीचर मीटिंग में प्रिंसिपल से करती हैं?
11. आपकी कॉलोनी में बिजली, पानी की समस्या हो जाने पर आप चुपचाप बैठने की बजाय, अन्य महिलाओं को एकत्रित कर परेशानी के ख़िलाफ़ आवाज़ उठाती हैं और मामला बढ़ जाये तो ऊपरी कर्मचारियों तक भी चली जाती हैं?
12. यदि आप अपने पति, दोस्त, प्रेमी या रिश्तेदार आदि में कोई कमी पाती हैं या किसी बात से सहमत नहीं हैं तो आप छुपाने या सहने की बजाय, उन्हें साफ़–साफ़ बता देती हैं?
13. छिपकली या कॉकरोच आदि से डरके भागने की बजाय, आप उन्हें खुद भगाती हैं?
14. रास्ते में किसी को दुर्घटना ग्रस्त देखकर नज़र चुराने की बजाय उसे अस्पताल तक ले जाती हैं?
15. नई जगह पर खुद पहुँच जाती हैं, बस–ट्रेन, जहाज़ आदि में अकेले सफ़र कर लेती हैं?

स्कोर

- 10–15 : आप निश्चित रूप से बोल्ड हैं। आप जीवन में बहुत आगे तक जायेंगी। यह बोल्डनेस न केवल आपको साहसी बनाता है, बल्कि आत्मनिर्भर भी बनाता है।
- 5–10 : आपकी बोल्डनेस मध्यम स्तर की है जो आपको जीवन में मिले–जुले परिणाम देती है। यदि आप जीवन में और आगे बढ़ना चाहती हैं तथा हर स्थिति का खुलकर सामना करके, खुल के जीना चाहती हैं तो आपको और बोल्ड होना पड़ेगा।
- 1–5 : आप एक सम्वेदनशील, निर्भर और डरपोक महिला हैं। आपकी यह कमज़ोरी समय–समय पर आपको परेशानियों में डाल सकती है। सच तो यह है कि आपके डर एवं साहस का स्तर यही रहा तो न केवल आपके सम्बन्ध बल्कि पूरा व्यक्तित्व ही ख़तरे में पड़ सकता है। इसलिए स्वयं को थोड़ा मौक़ा दें, छोटे–छोटे घर के मुद्दों से शुरुआत करें और अपनी झिझक मिटायें और बोल्ड बनें।

कितने टेबल मैनर्स (Table-manners) हैं आपमें?

1. यदि आप किसी के साथ हैं तो आप पहले खुद बैठ जाते हैं, फिर दूसरें को बैठने को कहते हैं?
2. यदि आपको कोई खाने पर बुलाए या दावत दे तो आप बिना सोचे–समझे बहुत कुछ मँगा लेते हैं?
3. यदि दावत आपको देनी है आप बिना दूसरे से पूछे अपनी पसन्द का भोजन मंगवा लेते हैं?
4. भोजन के दौरान आप ज़रूरत से ज़्यादा ही बात करते हैं?
5. आपके खाना चबाने की आवाज़ और लोगों को भी सुनाई देती है?
6. आपका खाना मुँह में कम जाता है, टेबल, थाली के आस–पास ज़्यादा बिखरता है?
7. खाना खाते–खाते आप नाक, कान, एवं बालों में अँगुलियाँ डालते रहते हैं?
8. खाना खाने के बाद आप मुँह में जमे हुए खाने को अँगुली से साफ़ करते हैं?
9. खाना खाते वक़्त आपकी सारी अँगुलियाँ सब्ज़ी एवं ग्रेवी (तरी) से बिगड़ जाती हैं?
10. भोजन करते समय आप स्वयं में इतने खो जाते हैं कि सामने वाले को किस चीज़ की ज़रूरत है यह पूछना तक भूल जाते हैं?
11. भोजन के बाद माउथफ्रेशनर या सौंफ आदि को ऐसे खाते हैं, जैसे उससे ही पेट भरना है?
12. आपको क्या खाना है यह तय करने में काफ़ी देर लगाते हैं या फिर आर्डर किये हुए भोजन को बदल भी देते हैं?
13. आप वेटर को अपना निजी गुलाम समझकर उसके साथ बड़ी गर्मी और रोष के साथ पेश आते हैं?
14. भोजन इतनी जल्दी–जल्दी खाते हैं कि जैसे आपकी कोई ट्रेन छूट रही हो?
15. आप भोजन की थाली में सभी कुछ एक साथ मिलाकर खाना खाते हैं?

स्कोर

- 10–15 : आपमें वाकई टेबल मैनेर्स हैं। आपके साथ खाना खाने वाला भी आपके साथ को सराहेगा व खाने एवं मौक़े का लुत्फ़ उठाएगा। अपने इस व्यवहार को हो सके तो सदा यों ही बरक़रार रखें।
- 5–10 : आपको टेबल मैनर्स हैं पर उतने नहीं जितने होने चाहिए। भले ही आपको यह सब औपचारिकताएं लगती हों पर सच तो यह है कि यह व्यक्तित्व का अहम् हिस्सा है, इसलिए खाने के दौरान इन बातों का विशेष ध्यान रखें।
- 1–5 : आपमें बिलकुल भी टेबल मैनर्स नहीं हैं। लोग आपके साथ खाना खाने से न केवल दूर भागेंगे, बल्कि आपका साथ देने में भी पीछे रहेंगे। समय के रहते आपको संभलना चाहिए, वरना वह दिन दूर नहीं जब आपके जीवन में अच्छे और सभ्य लोगों की कमी होगी।

क्या आप नर्वस (Nervous) पर्सनैलिटी हैं?

1. क्या आपकी हथेलियाँ ज़्यादातर ठंडी व गीली रहती हैं?
2. क्या आपके खुद के किये दस्तख़त कई बार आपस में नहीं मिलते?
3. किसी के मृत शरीर, बहते खून या इंजेक्शन इत्यादि को देखते ही आपके दिल की धड़कनें तेज़ हो जाती हैं?
4. आपका कान ठीक होने पर भी आपको पूरी बात एक बार में सुनाई नहीं देती या समझ नहीं आती?
5. टेलीफ़ोन नंबर भले ही पुराना हो फिर भी फ़ोन करते समय आप नंबर अपने सामने रखते हैं?
6. किसी का थोड़ा सा इन्तज़ार करने में आप बेचैन हो जाते हैं?
7. आप अपने निर्णय बिना किसी की सलाह या परामर्श के नहीं ले पाते?
8. किसी से लड़कर या बहस करके जब आप घर लौटते हैं, तब अफसोस करते हैं कि मैंने ये क्यों नहीं कहा, वो क्यों नहीं कहा?
9. रास्ते में ख़ाली हाथ चलने में आपको घबराहट होती है?
10. बातचीत के दौरान आप शब्दों से ज़्यादा अपने हाथों का प्रयोग करते हैं?
11. आप कुर्सी पर पीछे की ओर पीठ सटाकर बैठने की बजाय आगे झुककर बैठते हैं?
12. बात करते समय आप सामने वाले की आँखों में देखकर बात नहीं कर पाते हैं?
13. हर चीज़ को लेकर आपके अन्दर नकारात्मक विचार पहले आते हैं?
14. आपकी लिखावट ऐसी है कि आप खुद नहीं समझ पाते कि आपने क्या लिखा है?
15. किसी दुकान से यदि आपको 4–5 सामान इकट्ठा लाना हो तो आप रास्ते भर उन्हें याद करते हुए चलते हैं?

स्कोर

- 10–15 : आप निश्चित रूप से नर्वस पर्सनैलिटी हैं। कोई भी शत्रु या आपके जीवन में बाधक नहीं है, सिवाय आपके। आप बात-बात पर नर्वस हो जाते हैं। आपको अपने भीतर आत्मविश्वास पैदा करना चाहिए, वरना छोटी-से-छोटी बात आपके लिए मुसीबत बन जायेगी। आपको किसी अच्छे मनोचिकित्सक से सलाह अवश्य करनी चाहिए।

- 5–10 : भले ही कम सही, लेकिन मौक़े-बेमौक़े पर आप नर्वस तो हो ही जाते हैं। आपको चाहिए कि आप अपनी नर्वसनेस या घबराहट के कारणों को अच्छी तरह से जानें और उन्हें दूर करने का प्रयास करें।

- 1–5 : आप निश्चिंत रहें। आप नर्वस पर्सनैलिटी नहीं हैं। नई जगह या नये लोगों व काम की वजह से इतना नर्वस होना स्वाभाविक है। अपने कार्य के प्रति लगन व अच्छे परिणाम की आशा के कारण थोड़ी-बहुत घबराहट किसी कमी को नहीं दर्शाती।

आपका व्यवहार (Behaviour) कितना सही है?

दूसरों को ग़लत समझना एवं उनके प्रत्येक कार्यकलाप को संदिग्ध दृष्टि से देखना अधिकांश लोगों की आदत में शुमार होता है किन्तु अकारण शक़–शुबहा करना आपसी व्यवहार में कटुता भर देता है फिर चाहे यह पति–पत्नी, भाई–बहन, सगे–सम्बन्धी, पड़ोसी अथवा सहकर्मी किसी के भी प्रति क्यों न हो।

यहाँ कुछ प्रश्नों की सूची दी जा रही है। हर प्रश्न के साथ 1, 2, और 3, संभावित उत्तर भी दिये गये हैं जो भी उत्तर आपके विचारों या दृष्टिकोण के अनुकूल हों, उसे सही का चिह्न लगायें। जब सब प्रश्नों के उत्तरों पर आप निशान लगा लें, तो प्रश्नावली के बाद में दी गयी विधि से अपने अंकों का हिसाब लगायें और देखें कि दूसरों के प्रति आपका व्यवहार कितना सही है।

1) कहीं आप हर समय यह सोच–सोच कर भयभीत और दुःखी तो नहीं रहते कि :
   1. लोग आपको पसन्द नहीं करते?
   2. आपके पड़ोसी, मित्र एवं सम्बन्धी आपसे ईर्ष्या करते हैं और पीठ पीछे आपकी बुराई करते हैं?
   3. या कुछ न सोचकर अपने काम से काम रखते हैं?
2) नये पड़ोसी या परिचितों से मिलने पर आपका व्यवहार कैसा होता है?
   1. न जाने कैसे लोग हों, सोचकर पहल ही नहीं करते?
   2. बोलचाल आरम्भ तो कर देते हैं, किन्तु उनकी बातों पर विश्वास नहीं करते। न ही उनकी मदद करते हैं?
   3. शीघ्र दोस्ती कर लेते हैं?
3) आपके मित्रों, परिचितों या सम्बन्धियों का आपसे बहुत अच्छा व्यवहार हो तो उनके विषय में आप क्या सोचते हैं?
   1. ज़रूर कोई मतलब होगा तभी अच्छे बन रहे हैं?
   2. आपके पद या प्रतिष्ठा के कारण दबते हैं?
   3. वे बहुत अच्छे लोग हैं?
4) आपके दोस्त/पड़ोसी खूब अच्छे ढंग से रहते हैं, तो आपकी क्या प्रतिक्रिया होती है?
   1. बड़े घमंडी हैं, अपने सामने दूसरे को कुछ समझते ही नहीं?
   2. दिखावा करते हैं, हमें चिढ़ाना चाहते हैं?
   3. सलीक़ेदार लोग हैं?
5) आपके पड़ोसी/परिचित के घर नई कार देखकर आपकी क्या हालत होती है?
   1. ईर्ष्या से जल उठते हैं?
   2. कोई फ़र्क़ नहीं पड़ता?
   3. खुश हो जाते हैं?
6) आपके पति/पत्नी आपके प्रति वफ़ादार हैं, उनके प्रति आपके क्या विचार हैं?
   1. मौक़ा मिलते ही अन्य स्त्री/पुरुष की ओर झुक जाते हैं?
   2. वह तो आपने उन्हें ज़बरदस्ती बाँध रखा है, वरना....?

3. किसी के भी आकर्षण से प्रभावित होने वाले/वाली नहीं है?

7) जब पति/कामकाजी पत्नी दफ्तर से काफ़ी देर करके आये तो आपकी क्या प्रतिक्रिया होती है?

1. कहीं गपशप करते/करती या गुलछर्रे उड़ा रहे/रही होगी?
2. रास्ते में कोई परिचित मिल गया होगा या कहीं दुर्घटना न हो गयी हो या शायद बस नहीं मिली होगी?
3. दफ़्तर में काम अधिक होगा अथवा कोई आवश्यक कार्य आ गया होगा?

8) पति/पत्नी आपकी वर्षगांठ पर उपहार लाना भूल जाते/जाती हैं तो आप क्या सोचते हैं?

1. उपहार नहीं लाए/लाई, क्योंकि आप मुझसे प्यार नहीं करते/करती?
2. जानबूझकर पैसे बचा गये, कंजूस हैं?
3. व्यस्त होंगे, कोई बात नहीं?

9) बिना बताये अचानक अपनी/अपने पत्नी/पति के साथ किसी सुन्दर अपरिचित पुरुष/महिला को घर आया देखते ही आपकी पहली प्रतिक्रिया क्या होती है?

1. अच्छा तो यह महाश्य/देवीजी हैं जिनके साथ....?
2. कोई सहकर्मी होगा/होगी?
3. कोई भद्र पुरुष/महिला पत्नी/पति के साथ आये हैं, बढ़ कर स्वागत करना चाहिए?

10) नौकर या नौकरानी से काम करवाते समय आपका क्या रवैया होता है?

1. हर समय उसके सिर पर सवार रहकर टोकाटोकी करते/डाँटते रहते हैं, कयोंकि आपका विचार है कि इसके बिना वह अच्छा काम कर ही नहीं सकता/सकती?
2. बिना देखे बैठे–बैठे नौकर के बीच–बीच में आवाज़ देकर जल्दी और अच्छा काम करने के लिए कहते रहते हैं?
3. नौकर को समझा कर, बीच–बीच में आवाज़ देकर जल्दी और अच्छा काम करने के लिए कहते रहते हैं?

11) आपकी घड़ी, गले की ज़न्जीर, अँगूठी या अन्य कोई चीज़ आपकी रखी जगह पर नहीं मिल रही तो आप क्या करेंगे या सोचेंगे?

1. तुरन्त नौकर या नौकरानी को बुला कर डाटेंगे कि उसने ही वह वस्तु इधर–उधर कर दी है?
2. घर भर में ढूँढ़ने के लिए शोर मचाएंगे, तूफ़ान मचा देंगे?
3. पहले स्वयं को ढूँढ़ कर देखेंगे कि कहीं स्वयं ही रखकर तो नहीं भूल गये?

12) आपकी प्रिय परिचिता या पड़ोसिन कोई बिजली का सामान जैसे प्रेस, ओवन, डीवीडी प्लेयर अथवा कोई अन्य क़ीमती वस्तु आप से माँगने आती/आता है तो क्या आप.....

1. 'ख़राब कर देगी', सोचकर न देने का बहाना बना देंगे?
2. वस्तु देने के साथ–साथ उसे ठीक प्रकार से रखने की कई बाद कहेंगे और शीघ्र वापस करने के लिए कहेंगे?
3. बिना ना–नुकुर किये चीज़ दे देंगे?

13) आपके पड़ोसियों की बेटी किसी लड़के के साथ बात कर रही है, तो आप क्या सोचेंगे/करेंगे?

1. ज़रूर इस का इस लड़के साथ चक्कर होगा?
2. इस बात को बिना विचारे या पूछे–ताछे नमकमिर्च लगाकर आस–पड़ोस, घर–परिवार में सबसे कह देंगे?
3. उसके कॉलेज या कक्षा का कोई विद्यार्थी पुस्तक आदि लेने आया होगा, ऐसा सोचकर अनदेखा कर देंगे?

मूल्यांकन

यदि आपने सभी प्रश्नों के उत्तर दे दिये हैं तो अब प्राप्त अंकों का हिसाब लगायें। प्रत्येक (1) उत्तर सही होने पर शून्य अंक, प्रत्येक (2) उत्तर सही होने पर 5 अंक और प्रत्येक (3) उत्तर सही होने पर अपने को आप 10 अंक दें, फिर सारे अंक जोड़ कर कुल प्राप्तांक निकालें, परिणाम देखें।

परिणाम

अगर आपके प्राप्तांक 100 से 130 के बीच हैं, तो आप निश्चय ही बधाई के पात्र हैं, यानी जीवन में आपके सोचने एवं व्यवहार करने का ढंग ठीक है। दुनियादारी निभाने में आप सक्षम हैं। लोगों के विषय में ग़लत धारणाएँ नहीं बनाते, न ही उन पर बेवजह शक़ करते हैं।

यदि आपके प्राप्तांक 60 से 100 के बीच हैं तो समझिए कि आपके व्यवहार में कहीं कमी है तो है, किन्तु अब भी इतनी गुंजाइश है कि आप अपने बारे में विचार करें तथा कोशिश करें तो अपने व्यवहार को ठीक कर सकते हैं। रेल पटरी से अभी उतरी नहीं है।

यदि आपके प्राप्तांक 60 से भी कम हैं, तो समझिए कि आपका व्यवहार किसी प्रकार भी न्यायसंगत नहीं है। आप दूसरों को हमेशा ग़लत दृष्टि से देखते हैं, दूसरों की अच्छी बात भी आप को बुरी ही दिखायी देती है, क्लह-क्लेश आपके जीवन का अंग बन चुका है। फिर भी प्रयत्न कर देखिए, सुधार सम्भव है।

भाग-2

बॉडी लैंग्वेज (शारीरिक भाषा) और आपका व्यक्तित्व
(Body Language and Your Personality)

संवाद करने के नियम

सबसे पहले आप यह जानिये कि भावों, भावनाओं, विचारों और सूचनाओं के आदान–प्रदान को 'संवाद' कहा जाता है। संवाद के लिए ज़रूरत होती है भाषा (Language) की। दुनिया में अनेक प्रकार की भाषाएं हैं, जैसे–हिन्दी, अंग्रेज़ी, गुजराती, मराठी, बंग्ला, संस्कृत, उर्दू या विभिन्न प्रकार की सांकेतिक भाषाएं यथा संगीत की भाषा, कम्प्यूटर की भाषा इत्यादि।

'संवाद' सभी प्राणियों की स्वाभाविक आवश्यकता है। इसीलिए प्रकृति ने सभी प्राणियों को उनके गुणों और वातावरण के अनुरूप संवाद क्षमता प्रदान की है। परन्तु मनुष्य को अन्य प्राणियों से अलग विशिष्ट संवाद क्षमता प्राप्त है। एक तो है शब्दों, संकेतों यानी किसी भाषा विशेष के माध्यम से जिसे हम भाषा में 'शब्द संवाद' (verbal communication) कहते हैं। दूसरा है शब्द विहीन संवाद (Non verbal communication)। इस शब्द विहीन संवाद व्यवस्था को ही शारीरिक भाषा या (Body Language) कहते हैं।

आजकल शारीरिक भाषा या बॉडी लैंग्वेज का प्रयोग मानव संसाधन विकास, व्यक्तित्व विकास तथा करिअर के संदर्भ में विशेष उपयोगिता है। व्यक्तित्व को आकर्षक और प्रभावशाली बनाने में तथा करिअर की सफलता में बॉडी लैंग्वेज की बहुत ही ख़ास भूमिका रहती है।

आइए जानते हैं कुछ शारीरिक भाषाओं की भाषा जो आपको स्वयं और दूसरों के व्यक्तित्व पहचानने में मदद करेगी।

सबसे पहले हम सुनने के तरीक़े के बारे में जानते हैं।

सुनने का तरीक़ा

कहते हैं बोलना एक कला है, परन्तु सुनना उससे भी बड़ी कला है। एक कुशल वक्ता वही हो सकता है, जिसमें सुनने का धैर्य हो। अक़सर हम बोलने वाले के ढंग को लेकर उसके व्यवहार एवं व्यक्तित्व निरीक्षण करने लगते हैं और करें भी तो क्यों नहीं, क्योंकि बोलने वाले का ढंग उसके भीतर छुपे गुण–अवगुण तथा उसके मनोभावों को व्यक्त जो करता था। पर हैरानी की बात तो यह है कि सब बातें केवल बोलने वाले पर ही लागू नहीं होती, बल्कि सुनने वाले पर भी लागू होती हैं, क्योंकि आप कैसे किसी की बात को सुनते हैं, सुनने की मुद्रा, चेहरे के भाव आदि मात्र सुनने के ढंग से ही आपके बारे में सब कुछ पता लगाया जा सकता है कि आप किस प्रवृति के हैं तथा आपका व्यवहार और व्यक्तित्व कैसा है।

आँखें खोलकर सुनना–आपको सुनने वाला यदि आँखें खोलकर सुनता हो, तो ऐसा व्यक्ति आत्मविश्वासी होता है। ज़रूरत से ज़्यादा चौकन्ना रहता है, सुनने के साथ–साथ आपकी बातों का निष्कर्ष एवं हल निकालने की भी कोशिश करता है। ऐसा व्यक्ति अपने निजी जीवन में दुःखी रहता है, परन्तु किसी के सामने ज़ाहिर नहीं होने देना चाहता। आपकी बातों के साथ–साथ उसके मन में अपने विचार भी चलते रहते हैं। बात ख़त्म होने के बाद

या तो ऐसे व्यक्ति लम्बा–चौड़ा भाषण देते हैं या चुप रह जाते हैं। यह सबकी सुन लेते हैं, लेकिन इनका ध्यान अपनी समस्याओं में उलझा रहता है। वैसे नये–नये अनुभव प्राप्त करना इन्हें अच्छा लगता है। कहने वाले के दुःख में ये ज़्यादा दिलचस्पी नहीं लेते, लेकिन दिखावा ऐसा करते हैं, जैसे वे सुनाने वाले के दुःखों से अच्छी तरह से वाक़िफ़ हैं। स्वयं को समझकर समझना इनकी आदत होती है। दूसरी मुलाक़ात में यदि इनसे पूछा जाये कि पहले की सुनी बात आपको याद है, तो शायद यह उसे दोबारा बता भी ना पायें कि आपने क्या बताया था।

आँखें बन्द करके सुनना–जो व्यक्ति सामने वाले की बातों को आँख बन्द करके सुनते हैं, ऐसे व्यक्ति सम्वेदनशील होने के साथ–साथ भावुक भी होते हैं। किसी पर भी आसानी से यक़ीन कर लेते हैं। इनका मन साफ़ होता है, इसलिए हर एक की मदद करना इनकी आदत बन जाती है, जिसकी वजह से इन्हें कई बार धोखे भी मिलते हैं। ऐसे व्यक्ति अच्छे चिन्तक, विचारक एवं दार्शनिक होते हैं। इनका सुनना केवल सुनना नहीं होता, बल्कि ये उचित सलाह एवं मार्गदर्शन भी देते हैं। ये या तो किसी की बात नहीं सुनते, अगर सुनते हैं तो बड़े अपनेपन से सुनते हैं। ऐसे व्यक्ति अपनी धुन के पक्के होते हैं, अपनी सहुलियत के हिसाब से ही कार्य करते हैं। अपनी वाणी द्वारा लोगों को सम्मोहित करना इन्हें खूब आता है। ऐसे व्यक्ति ध्यानी होने के साथ–साथ ज्ञानी भी होते हैं तथा सामने वाले के मन में क्या चल रहा होता है, यह भी भाँप लेते हैं।

आँखें मिलाकर सुनना–जो लोग बोलने वाले की आँखों में या उसका चेहरा देखकर उसकी बात सुनते हैं। ऐसे व्यक्ति आत्मविश्वासी, दृढ़ व साहसी होते हैं। ऐसे व्यक्तियों से अपने मन की बात छुपाना मुश्किल होता है। ऐसे व्यक्तियों की आँखों में ग़ज़ब की सम्मोहन शक्ति तथा व्यक्तित्व में अनोखा आकर्षण होता है। ये जिस काम को शुरू कर दें, उसे पूरा करके ही दम लेते हें।

ऐसे व्यक्तियों में बदले और जलन की भावना भी देखी जा सकती है। अपनी सोच एवं निष्कर्ष पर इन्हें बहुत गर्व होता है। लोगों से सम्पर्क बढ़ाना इन्हें बेहद भाता है। तेज़ आवाज़ में बात करना व हँसना इनकी आदत होती है। ऐसे व्यक्ति हर किसी को अपना मित्र नहीं बनाते।

आँखें झुकाकर सुनना–जो लोग किसी की बात आँखें झुकाकर या नीची करके सुनते हैं। ऐसे व्यक्ति नाकरात्मक सोच वाले तथा निराशावादी प्रवृति के होते हैं। जब वे बातें सुन रहे होते हैं तो बोलने वाले के साथ–साथ उसकी बातों को सुनकर कल्पना जगत् में खो जाते हैं और अपने हिसाब से उस स्थिति के चित्र खींचते रहते हैं। कई बार ये सामने वाले की बातों में इतना खो जाते हैं कि इन्हें वक़्त का पता ही नहीं चलता। इनकी इस स्थिति से बोलने वाले को यह भ्रम होता है कि सुनने वाला बड़ी गम्भीरता से सुन रहा है। ऐसे व्यक्तियों से यदि अचानक बीच में कुछ पूछ लिया जाये तो वह असमंजस में पड़ जाते हैं या फिर बातों को बीच–बीच में टोककर बोलने वाले से फिर दुहराने के लिए कहते हैं। ऐसे व्यक्ति बहुत धीमी गति से कार्य करते हैं तथा कार्यों एवं मेहनत में विफल होने के बाद जल्द ही निराश हो जाते हैं। ऐसे व्यक्ति को सदा दूसरों (अपने–पराए) से शिकायत रहती है तथा ये स्वयं को बदलने के बजाय दूसरों को बदलने में लगे रहते हैं। अपने दिल की बात ये अपने दिल में रखते हैं। इन्हें सदा ऐसे दोस्त की तलाश रहती है, जो इनकी ख़ामोशी को समझ सके। इनकी दुःखती रग पर हाथ रखने की देर होती है कि ये फिर शुरू हो जाते हैं।

सुनने के बाद बोलना–जो लोग बोलने वाले को अपनी बात कहने का पूरा मौक़ा देते हैं तथा शान्ति से उनकी पूरी बात सुनकर ही बोलते हैं, ऐसे व्यक्ति सभ्य एवं धैर्यवान होते हैं। इनको जीवन का ख़ास अनुभव होता है, जिसके आधार पर ये न केवल स्वयं सकारात्मक एवं ऊर्जावान बनते हैं, बल्कि अपने आसपास मौजूद लोगों को भी सरलता से परिवर्तित कर उचित मार्ग पर ले आते हैं। ऐसे व्यक्ति दूरदर्शी तथा मेहनती होते हैं। जब तक इनका कार्य पूरा नहीं हो जाता, ये किसी को कानों–कान ख़बर नहीं होने देते। समाज में कई लोगों के लिए ये मिसाल एवं आदर्श साबित होते हैं। ये जब बोलते हैं तो पूरे विश्वास के साथ बोलते हैं। झूठे, कपटी एवं दोगले लोगों से इन्हें सख़्त नफ़रत होती है। यदि सामने वाला सच्चा हो तो यह उनका बड़े से बड़ा गुनाह भी माफ़ कर देते हैं। ऐसे व्यक्तियों की याददाश्त एवं समझने की शक्ति दोनों तेज़ होती हैं।

सुनने के साथ-साथ बीच में ही बोलना–ऐसे व्यक्ति सुनने के साथ–साथ बीच में थोड़ा–बहुत बोलते भी हैं। ऐसे

व्यक्ति चतुर एवं सतर्क होते हैं। ये सरलता से किसी भी वस्तु, इनसान या परिणाम आदि से सन्तुष्ट नहीं होते। ऐसे व्यक्ति संघर्ष करने से नहीं घबराते, बल्कि इनका मानना है कि जितनी कठिन परीक्षा से वे गुज़रते है, उतने ही परिपक्व होते चले जाते हैं। सामाजिक कार्यों में ये बढ़–चढ़कर हिस्सा लेते हैं। नृत्य, संगीत, चित्रकारी आदि कला में इनका रुझान होता है। इनका उत्साह ही इनका सब कुछ होता है। ऐसे व्यक्ति कोमल हृदय वाले होते हैं। ये चाहते हैं कि सामने वाला इन पर विश्वास अवश्य करें। ये जब तक सामने वाले का विश्वास नहीं जीत लेते, इन्हें चैन नहीं पड़ता। यह प्रेम, कला और ज्ञान आदि को बाँटने में यक़ीन करते हैं।

ऐसे व्यक्ति बोलने वाले के साथ–साथ बीच–बीच में इसीलिए बोलते हैं, ताकि उसे अपनी बात या दुःख कहने में आसानी हो, उसे सुनने वाले को समझाने में ज़्यादा मेहनत न करनी पड़े। ऐसे व्यक्ति अच्छे मनोवैज्ञानिक व अच्छे सलाहकार साबित होते हैं।

सुनकर शांत रह जाना–ऐसे व्यक्ति जो बातचीत के बीच में तो क्या अन्त में भी कुछ नहीं बोलते, अन्तरमुखी एवं रहस्यमयी होते हैं। इनको समझ पाना तथा इनके मन में क्या चल रहा है, यह भांपना सरल नहीं होता। इनका जीवन संघर्षपूर्ण होता है, जिसकी वजह से ये या तो टूट जाते हैं, या फिर जीवन के रहस्य को जानने–समझने में लग जाते हैं और स्वयं को बहुत मज़बूत बना लेते हैं। ऐसे व्यक्ति अक़सर अपने आपको असहाय एवं तनहा महसूस करते हैं। इनके अपने ही इनका आत्मविश्वास कम कर देते हैं, जिसकी वजह से ये न तो कोई निर्णय ले पाते हैं और न ही किसी दूसरे को उचित सलाह दे पाते हैं।

इनकी बुद्धि एवं विचार बहुत ही प्रखर होते हैं। जब भी बोलते हैं तो बहुत ही नपा–तुला बोलते हैं। इनकी छोटी–छोटी बातों में गहरा सार छुपा होता है। जब तक सामने वाला खुद न पूछे तब तक कुछ नहीं बोलते। यदि बोलने वाला तथा उसका विषय दोनों ही जब इन्हें रुचिकर नहीं लगते तब भी यह ऐसी मौन मुद्रा धारण कर लेते हैं, जिससे सामने वाले को स्वतः ही यह समझ में आ जाता है कि सुनने वाला सुनना नहीं चाहता।

सधी हुई मुद्रा में सुनना–ऐसे व्यक्ति, जो किसी की बात एक ही मुद्रा में रहकर सुनना पसन्द करते हैं, बहुत ही दयावान एवं धैर्यवान होते हैं। ये जीवन एवं संघर्षों को बहुत संजीदगी एवं वफ़ादारी से लेते हैं। लापरवाह एवं ग़ैरज़िम्मेदार लोगों से इन्हें नफ़रत होती है। ऐसे व्यक्ति या तो कोई कार्य करते नहीं हैं, करते हैं तो बेहतरीन ढंग से करते हैं। ऐसा व्यक्ति न केवल आपको सुनता है, बल्कि आपके साथ हमदर्दी भी रखता है। ऐसे व्यक्ति स्थिर विचार एवं एकाग्र चित्त वाले होते हैं। ये सामने वाले की बातें इतनी तल्लीनता से सुनते हैं कि अपनी सुध–बुध तक भूल जाते हैं। ऐसे व्यक्तियों की वाणी मधुर होती है तथा ये एक अच्छे मार्गदर्शक एवं न्यायाधीश कहलाए जाते हैं।

मुद्राएँ बदलकर सुनना–ऐसे व्यक्ति, जो हिलते–डुलते तथा अपनी मुद्रा बदल–बदलकर बातें सुनते हैं, अस्थिर विचार एवं बेचैन प्रवृति के होते हैं। ये स्वतन्त्र विचारों वाले तथा घूमने के शौक़ीन होते हैं। अक़सर इनसे ये बात कहते हुए सुनी जा सकती है कि बिना परिवर्तन के जीवन नीरस एवं बेजान होता है।

मुद्राएँ बदलकर सुनने वाला यह दर्शाता है कि उसे आप में आपकी बातों में कोई दिलचस्पी नहीं या फिर आपकी बातें ज़रूरत से ज़्यादा लम्बी हो रही हैं, जो उसे बोर कर रही हैं। ऐसे व्यक्ति मनमौजी तथा चंचल होते हैं। किसी का दिल दुखाना या ना कहना इन्हें स्वयं में दुःखदायी लगता है। इसीलिए यह मुद्राएँ बदलते रहते हैं, स्वयं को कष्ट दे लेते हैं, परन्तु सामने वाले की सुनते ज़रूर हैं। प्यार–मुहब्बत से ऐसे व्यक्तियों से कोई भी कार्य कराया जा सकता है।

मुट्ठी बन्द करके सुनना–जो व्यक्ति सुनते वक़्त मुट्ठी बन्द रखता है, तो समझ लेना चाहिए कि वह सुनने वाले की भावनाओं एवं हालात के साथ बिना किसी मोह और स्वार्थ के जुड़ा है। ऐसे व्यक्ति भावुक और सम्वेदनशील होते हैं। सही समय पर यदि इन्हें सही मौक़ा मिल जाये तो इनमें बहुत कुछ कर गुज़रने की क्षमता होती है। गुस्सा या शीघ्र प्रतिक्रिया इनकी कई समस्याओं की जड़ होती है। सुनाने वाला जिन बातों को सुना रहा होता है, यह तत्काल महसूस भी करते हैं तथा उनसे प्रभावित भी होते हैं।

चिंतित व उलझी मुद्रा–ऐसे व्यक्ति, जो सुनते वक़्त ज़रा भी सीधे नहीं बैठ सकते। आपस में हथेलियों को मसलते हैं, अँगुली चटकाते हैं, बालों में हाथ फेरते हैं, नाखून चबाते हैं, नाक–कान में अँगुली डालते रहते हैं, चिंतित स्वभाव के होते हैं। ऐसे व्यक्तियों का दिल कहीं तो दिमाग़ कहीं और रहता है। ये खुद के जीवन में इतने ज़्यादा उलझे होते हैं कि समाने वाले को सुनना न के बराबर होता है। कई बार ऐसा भी होता है कि ऐसे व्यक्तियों के सामने वाला बोलता रहता है, और ये काग़ज़ पर आड़ी–तिरछी लक़ीरें खींचते रहते हैं, जो इनकी तनहाई व नीरसता को दर्शाती है। अपने–आपको व्यस्त रखना तथा बहानों में उलझाए रखना इन्हें अच्छा लगता है। ऐसे व्यक्तियों को अकसर अपनी मेहनत का वह परिणाम नहीं मिल पाता, जितना कि वे हक़दार होते हैं।

बैठने का ढंग

चलना–फिरना, उठना–बैठना हर व्यक्ति की सामान्य क्रियाएं हैं। किसी भी व्यक्ति के बैठने के ढंग से आप उसके व्यक्तित्व के बारे में काफ़ी–कुछ जान सकते हैं। वैसे स्थान और परिस्थितियों के अनुसार व्यक्ति के बैठने के ढंग में परिवर्तन आ जाता है, फिर भी उसकी कुछ आदतें ऐसी होती हैं, जिन्हें कि वो चाह कर भी नहीं बदल सकता और यही आदतें उसके जीवन, व्यवहार, व्यक्तित्व एवं मनोस्थिति के बारे में बहुत–कुछ बता देती हैं। कैसे? आइए जानते हैं–

सहारा लेकर सीधे बैठना–जब कोई व्यक्ति किसी दीवार, कुर्सी, या किसी अन्य वस्तु के सहारे सीधा बैठता है, तो ऐसा व्यक्ति चतुर और बुद्धिमान होता है। वह अपने समय का अच्छी तरह से उपयोग करता है। ऐसा व्यक्ति दिखने में भले ही कठोर हो, लेकिन भीतर से वो सम्वेदनशील होता है। ऐसे व्यक्ति अच्छे मार्गदर्शक, सलाहकार एवं न्याय करने वाले सिद्ध होते हैं।

सीधे बैठना–जो व्यक्ति किसी वस्तु का सहारा लिए बिना सीधा बैठता है, आत्मविश्वासी तथा ऊर्जावान होता है। ऐसा व्यक्ति किताबी जानकारी से ज़्यादा स्वयं के अनुभवों द्वारा ज्ञान की प्राप्ति करता है तथा उसी को महत्त्व देता है। ऐसे व्यक्ति समय के पाबन्द एवं दृढ़ निश्चयी होते हैं। इनका ज़िद्दी स्वभाव कई बार इन्हें लाभ पहुँचाता है, तो कई बार हानि भी पहुँचा देता है। ऐसे व्यक्तियों की इच्छा शक्ति प्रबल होती है तथा ये बोलने में भी माहिर होते हैं। ऐसे व्यक्ति क़िस्मत पर नहीं स्वयं की मेहनत पर भरोसा करते हैं।

आगे होकर बैठना–जो व्यक्ति किसी चीज़ का सहारा लिए बिना, आगे होकर आधा–अधूरा बैठता है, उसमें आत्मविश्वास की कमी होती है। कम समय एवं मेहनत से सब कुछ पाने की चाह इनमें प्रबल होती है। लड़ाई–झगड़ना इन्हें पसन्द नहीं होता। ऐसे व्यक्ति या तो दब्बू होते हैं, या फिर बहुत ही हाज़िर जवाब।

झुककर बैठना–ऐसे व्यक्ति, जो बिना पीठ सीधी किये, पेट पर बल देकर, कंधे व पीठ को झुकाकर बैठते हैं, महाआलसी होते हैं। ये अपनी बात कभी खुलकर नहीं कर पाते। संघर्षों एवं ज़िम्मेदारियों से ये दूर भागते हैं तथा भाग्य के सहारे स्वयं को छोड़ देना पसन्द करते हैं। ऐसे व्यक्तियों को आसान कार्य के लिए भी दुगनी मेहनत करनी पड़ती है। ऐसे व्यक्तियों को चाहिए कि वे अपनी सोच को सकारात्मक तथा अपने भीतर आत्मविश्वास जगायें।

खुलकर बैठना–जो व्यक्ति अपनी टाँगों (जाँघों) एवं हाथों को सटाकर या बाँधकर बैठने के बजाय खोलकर या अलग करके बैठते हैं, बहिर्मुखी, निडर एवं स्वच्छंद विचारों वाले होते हैं। ये किसी को न तो बुरा कहते हैं और न ही किसी का बुरा सोचते हैं। मज़ाक़ करना व बात–बात पर दूसरों को हँसाना, इनकी ख़ास आदत होती है। ऐसे व्यक्ति ज्ञानी, कुशल वक्ता एवं अच्छे मित्र साबित होते हैं। ये दूसरों की मदद करने में हमेशा आगे आते हैं। इनका स्वभाव थोड़ा रोमाँटिक (Romantic) होता है, इसलिए कई बार इन्हें बेवजह बदनामी का भी शिकार होना पड़ता है।

सिमटकर बैठना–यानी कि क्रॉस मुद्रा में बैठना। अपनी दोनों टाँगों (जाँघों) एवं हाथों को एक दूसरे के ऊपर चढ़ाकर या क्रॉस करके बैठना। ऐसे व्यक्ति अन्तर्मुखी, सम्वेदनशील एवं कोमल स्वभाव के होते हैं। कई विषयों के जानकार तथा कई प्रतिभाओं के धनी होते हैं। हर छोटी बात को ये बड़ी संजीदगी से लेते हैं तथा गहन चिन्तन, के बाद ही किसी निर्णय पर पहुँचते हैं। ऐसे व्यक्ति स्वयं की इतनी चिन्ता नहीं करते जितना कि दूसरों की करते हैं। ऐसे व्यक्ति अच्छे कलाकार, साहित्यकार, विचारक और दार्शनिक सिद्ध होते हैं। ये भीड़ से अलग रहना पसन्द करते हैं। रुपये–पैसों से ज़्यादा इन्हें मान–सम्मान, पद–प्रतिष्ठा की लालसा अधिक होती है।

स्वयं का सहारा लेकर बैठना–जो व्यक्ति बैठते समय स्वयं के हाथों या कोहनी का सहारा लेना, जैसे ज़मीन पर हथेली से टेक लगाना, टेबल या जाँघों पर कुहनी से सहारा लेना, (गालों) चेहरे पर हथेली का सहारा आदि लेकर बैठते हैं, ऐसे व्यक्ति अपने आपको बहुत समझदार समझते हैं, लेकिन वास्तव में होते नहीं। ऐसे व्यक्तियों में आम इनसान से ज़्यादा काम–वासना पायी जाती है। ऐसे व्यक्ति हमेशा दूसरों को अपनी ओर आकर्षित करने के प्रयास में रहते हैं। इनके कहने और करने में ज़मीन–आसमान का फ़र्क़ होता है। ऐसे व्यक्ति जिस काम को करने की ठान लेते हैं, तो उसे पूरा करके ही दम लेते हैं। देखा गया है कि ऐसे व्यक्तियों को अपने जीवन में तनहाई व निराशा का अत्यधिक सामना करना पड़ता है।

घुटने मोड़कर बैठना–देखा गया है कि कुछ व्यक्ति मौक़ा मिलते ही घुटनों को मोड़ कर बैठ जाते हैं। चाहे वो ज़मीन पर बैठे या कुर्सी पर, ऐसे व्यक्ति अधिक परिश्रमी एवं महत्त्वाकांक्षी होते हैं। ये हर परिस्थिति का हँसकर सामना करते हैं। सभी लोगों से ये आसानी से घुल–मिल जाते हैं। अपनी ऊर्जा तथा क्षमता से ज़्यादा काम करना इन्हें अच्छा लगता है। संकोची होने के कारण ये कई बार अपना गुस्सा दूसरों पर नहीं, बल्कि खुद पर ही निकालते हैं। इनके इरादे बुलन्द और बुद्धि तेज़ होती है। ये अपनी योजनाओं को अपनी ज़रूरत के अनुसार बनाते हैं।

सुख-चैन की मुद्रा – यानी कि आलथी–पालथी मारकर बैठना। ऐसे व्यक्ति बिना किसी शारीरिक तनाव और कसाव के शरीर को बिना कष्ट दिये सरल मुद्रा में बैठना पसन्द करते हैं। हाथ, घुटने, गर्दन, पीठ आदि की स्थिति एवं आकार बनावटी नहीं, बल्कि सहज एवं स्वाभाविक होता है। ऐसा व्यक्ति निश्चित, सन्तुष्ट एवं शांत स्वभाव वाले होते हैं। ऐसे व्यक्ति परिश्रमी, संघर्षरत एवं स्वाभिमानी होते हैं। अपने दृढ़ संकल्प के द्वारा ये अपना भविष्य निर्मित करते हैं। इनका क्रोध एवं हठी स्वभाव कई बार दिक्कत में डाल देता है। दूसरों का हित व मदद करना इन्हें अच्छा लगता है। ऐसे व्यक्ति संसार से ऊबकर अध्यात्म का मार्ग अपनाने की चाह रखते हैं।

दु:खी व चिन्ताग्रस्त मुद्रा–बैठने की कई मुद्राएँ ऐसी हैं, जिनसे यह साफ़ पता चलता है कि व्यक्ति काफ़ी चिंतित या तनाव में हैं, जैसे दोनों हाथों की अँगुलियों को एक दूसरे में फँसाकर बैठना, सिर या गर्दन के पीछे दोनों हाथों की हथेलियों को सहारा लेकर बैठना, बिना पलक झपकाए शरीर को बिना हिलाए देर तक एक ही मुद्रा में बैठना, सिर में या बालों में अँगुली फँसाकर बैठना, माथा पकड़कर नीची नज़र करके मुँह लटकाकर बैठना, दोनों हाथों से सिर पकड़कर बैठने की मुद्रा। ऐसे व्यक्तियों की मानसिक स्थिति गम्भीर एवं असन्तुलित होती है। एक ही बात को दुहराना या फिर किसको कब, क्या तथा क्यों कहा था, कहकर भूल

बॉडी लैंग्वेज (शारीरिक भाषा) और आपका व्यक्तित्व 37

जाना इनके स्वभाव में होता है। ऐसे व्यक्ति के अन्दर जीवन को लेकर एक असुरक्षा का भाव होता है। जिसकी वजह से इनका आत्मश्विास भी डगमगाने लगता है। इसीलिए ऐसे व्यक्ति जब भी बैठते हैं तो इनके हाथों में पेन, पेंसिल या अन्य कोई वस्तु अवश्य होती है या फिर गोद में तकिया लेकर बैठना इनकी आदत होती है। खाली बैठे–बैठे अँगुलियाँ चटकाना, नाक–कान में अँगुली डालना और खुद भूल जाना कि क्या कर रहे हैं, ऐसी इनकी आदत होती है। इनका रहना–सहन, कपड़े–लत्ते, रख–रखाव आदि भी कुछ ख़ास नहीं होता है। अपने शरीर एवं जीवन के प्रति लापरवाह होते हैं तथा आलस एवं नकारात्मक सोच के कारण कई बार अपना ही नुक़सान कर बैठते हैं।

गाल पर हाथ रखकर बैठना–ऐसे व्यक्ति अपने निर्णयों पर एक से अधिक बार विचार कर उसका आकलन करते हैं कि उन्होंने सही किया है या ग़लत। यदि कोई ग़लती हो गयी है तो उसका निवारण किस प्रकार किया जायें। इस ढंग से बैठना यह प्रदर्शित करता है कि वह या तो अपना आकलन कर रहा है या अपने मन ही मन अपनी सराहना अथवा प्रशंसा कर रहा है और अपनी सफलता का जश्न मना रहा है। ऐसे लोगों की विशेषता है कि छोटे–छोटे कार्यों, छोटी–छोटी बातों का सुनकर भूल जाते हैं अथवा उन पर ध्यान नहीं देते। अपनी वस्तुओं को संभालकर नहीं रखते। इनका वातावरण सदैव अस्त–व्यस्त रहता है।

हाथ बाँधकर बैठना–दोनों हाथों एवं पैरों को बाँधकर बैठने वाले लोग आसानी से किसी बात से सहमत नहीं होते, छोटे–मोटे तर्क इन्हें प्रभावित नहीं करते। अपने मन में जो निश्चय कर लेते हैं, प्रायः उसी पर अडिग रहते हैं। इनकी विचारधारा और उसूल इनके लिए सर्वोपरि होते हैं, जिनका पालन जीवन भर करते हैं। उपरोक्त गुण उन स्त्री–पुरुषों पर लागू होते हैं, जो नियमित रूप से इस मुद्रा का प्रयोग करते हैं। कभी–कभी इस प्रकार की मुद्रा में बैठने का तात्पर्य है कि सम्बन्धित स्त्री अथवा पुरुष मानसिक रूप से निर्णय ले चुका है और सामने वाला उसे कितना भी समझाने का प्रयास करे, वह डिगने वाला नहीं है। ऐसे लोग विद्धान और बुद्धिमान तो होते ही हैं अपने कार्य में भी पारंगत होते हैं। दूसरों को सलाह–मशविरा देना, उनकी समस्याओं को सुलझाना इन्हें अच्छा लगता है।

दिखावटी मुद्रा–ऐसे व्यक्ति अपने सामने बैठे व्यक्ति को यह दर्शाना चाहते हैं कि उनका पूरा ध्यान मानसिक और शारीरिक रूप से भी उन्हीं की ओर है। ऐसा प्रदर्शन करके वे सामने वाले का दिल जीतना चाहते हैं, उससे सहानुभूति भी प्रकट करते रहते हैं। इनकी खुली हथेलियाँ बताती है कि इन्होंने अपनी विचारधारा को स्वतन्त्र छोड़ दिया है। परन्तु मुड़ी हुई अँगुलियाँ इस बात की चुगली करती हैं कि स्वयं को नियमित इस मुद्रा में बैठे रहने पर उनको अपनी मानसिकता पर अंकुश लगाना पड़ रहा है। ऐसे लोग प्रदर्शन प्रिय होते हैं। दूसरों को अपनी ओर आकर्षित करके रखना, मीठी–मीठी बातें करना, बड़ी–बड़ी गप्पे मारना, इनकी आदत होती हैं। ऐसे लोग अन्दर से कुछ व बाहर से कुछ और नज़र आते हैं, इनसे बचने के लिए इनकी हरकतों पर नज़र रखनी चाहिए।

बात करने का ढंग

बातचीत करना एक कला है। इसमें शब्दों का, आवाज़ का और बोलने आदि के ढंग का भी बड़ा महत्त्व है। हम क्या बोलते हैं, इसका तो महत्त्व है ही परन्तु हम कैसे बोलते हैं यह उससे भी ज़्यादा महत्त्वपूर्ण है। हम किस तरह, किन शब्दों के साथ, किस स्वर में तथा किन इशारों आदि में बात करते हैं, सब हमारे मानसिकता के स्तर को दर्शाते हैं। वास्तव में हमारी आवाज़, हमारी बातें तथा हमारे बात करने का ढंग वह सारे राज़ खोल देता है, जिसे हम छुपाना चाहते हैं या फिर कहकर भी नहीं कह पाते हैं।

तेज़ स्वर में बोलना–तेज़ स्वर, यानी कि ऊँचे स्वर में बात करना। ऐसे व्यक्ति खुले विचारों वाले, स्वच्छंद प्रवृति के होते हैं। छोटी–छोटी बातों पर गुस्सा आना और अपने ही विचारों को दूसरों पर थोपना इनके स्वभाव में होता है। दूसरों के काम में कमी निकालना इनकी आदत होती है। ऐसे व्यक्ति साफ़–सफ़ाई के शौक़ीन, समय के पाबन्द एवं मिलनसार स्वभाव के होते हैं। अपने निजी जीवन में ये अपने सम्बन्धों एवं रिश्तों को लेकर चिंतित रहते हैं।

धीमे स्वर में बोलना–ऐसे व्यक्ति अन्तर्मुखी एवं कल्पनाशील होते हैं। गुमसुम और चुपचाप रहना इनकी आदत होती है। बड़ी मुश्किल से ये किसी को अपना दोस्त या हमराज़ बनाते हैं। आत्मविश्वास की कमी के कारण ये भीड़ वाले स्थान में स्वयं को असुरक्षित पाते हैं। कला के प्रति इनका विशेष रुझान होता है। ऐसे व्यक्ति आध्यात्मिक प्रवृति वाले, चिन्तन–मनन करने वाले भी होते हैं।

मध्यम स्वर में बोलना–यानी कि न तो तेज़ स्वर में बोलना और न ही बेहद धीमे स्वर में बोलना। ऐसे व्यक्तियों की प्रवृति, व्यवहार एवं व्यक्तित्व असन्तुलित होता है। सही समय पर सही निर्णय करना या अवसर निकल जाने के बाद सोच–विचार करना इनके स्वभाव में होता है। किसी बात पर 'हाँ' या 'ना' करने में इन्हें देर लगती है। अपने विश्वास को दृढ़ करने के लिए ये औरों की राय पर निर्भर रहते हैं आत्मविश्वास होते हुए भी इनका विश्वास शीघ्र डगमगाने लगता है।

तेज़ गति से बोलना–जो व्यक्ति बिना विराम या अल्पविराम लगाए अपनी बात जल्दी–जल्दी पूरा करते हैं, बहिर्मुखी एवं जल्दबाज़ प्रवृति के होते हैं। कम समय में अधिक पाने की चाह सदा इनमें बनी रहती है, दूसरों की होड़ या नकल करना इन्हें पसन्द नहीं होता। हँसमुख प्रवृति के ये व्यक्ति अपने ग़म छुपाने में माहिर होते हैं। बात को बढ़ा–चढ़ाकर तथा समझाकर कहने में इन्हें बेहद आनन्द मिलता है।

धीमी गति से बोलना–ऐसे व्यक्तियों में आत्मविश्वास की कमी होती है, लेकिन धैर्य एवं सहनशीलता अधिक पायी जाती है। मन में विचारों की उथल–पुथल लगी रहती है। ये बहुत संकोची होते हैं। इनका संकोच ही इनके जीवन मे एकमात्र रुकावट है। ऐसे व्यक्ति कुछ कहने से पहले अच्छी तरह से सोचते हैं। दूसरों की भावनाओं का ये विशेष ख़्याल रखते हैं।

बनावटी स्वर में बात करना–जो व्यक्ति अपने होंठों को बना–बनाकर, ज़रूरत से ज़्यादा इतरा कर बोलते हैं। ऐसे व्यक्ति व्यावहारिक एवं आकर्षक व्यक्तित्व वाले होते हैं। स्वयं को ज़रूरत से ज़्यादा चालाक एवं समझदार समझते हैं। दिखावा करना तथा दूसरों की होड़ करना इन्हें अच्छा लगता है। दूसरों के काम में कमी निकालना इनके स्वभाव में होता है। कलात्मक एवं सृजनात्मक प्रवृति के ये व्यक्ति अपने हर कार्य को अपने निराले ढंग से करते हैं। प्रशंसा एवं चापलूसी करने वाले इन्हें अच्छे लगते हैं।

बोलते समय मुँह से झाग निकलना–ऐसे व्यक्ति में धैर्य की बेहद कमी होती है तथा ये बहुत उतावले होते हैं। ये दूसरों की बातों में आसानी से आ जाते हैं। बात को बढ़ा–चढ़ाकर बताना, बेवज़ह अपनी राय देना इनके स्वभाव में शामिल होता है।

आँखें मिलाकर बात करना–जो व्यक्ति आँखें मिलाकर और सिर उठाकर बात करते हैं, आत्मविश्वासी एवं महत्त्वाकांक्षी होते हैं। ऐसे व्यक्ति बोलने में निपुण तथा अपनी बातों से अपने काम निकलवाने में सक्षम होते हैं। सामने वाले के मन में क्या चल रहा है, ये तुरन्त भांप लेते हैं। कुछ कर गुज़रने की चाह इनमें हद से ज़्यादा होती है। ये वक़्त के पाबन्द होते हैं और वक़्त की क़द्र करते हैं।

इधर-उधर देखते हुए बात करना–ऐसे व्यक्तियों में इच्छा शक्ति की कमी होती है। इनके मन एवं विचारों में तालमेल ना के बराबर होता है। ये अस्थिर विचारों वाले जल्दबाज़ प्रवृति के होते हैं। ये कई कलाओं में प्रवीण होते हैं तथा अपना हुनर दिखाना और बिना माँगे सलाह देना इनके स्वभाव में शामिल होता है।

आँखें झुकाकर बात करना– जो व्यक्ति आँखें झुकाकर या सिर झुकाकर बात करते हैं, सम्वेदनशील, नम्र स्वभाव वाले एवं शीतल प्रवृति के होते हैं। इनमें हीन भावना हद से ज़्यादा पायी जाती है, जिसकी वजह से ये अपनी बात खुलकर नहीं कह पाते। ऐसे व्यक्ति आदर्शवादी एवं अपने उसूलों पर चलने वाले होते हैं। ऐसे व्यक्ति यदि आलस्य का त्याग कर दें तो अपने जीवन में काफ़ी कुछ कर सकते हैं।

बातचीत के दौरान हाथों को हिलाना–जो व्यक्ति बातचीत के दौरान ज़रूरत से ज़्यादा हाथ हिलाते हैं, उनके आत्मविश्वास की कमी को दर्शाता है। ऐसे व्यक्ति बार–बार एक ही बात दुहराते हैं। इनकी बातों में ज़्यादा गहराई या अनुभव नहीं होता। ऐसे व्यक्ति हमेशा दूसरों को शिक्षा देने या उपदेश देने में लगे रहते हैं, दिखावा करने में यह निपुण होते हैं।

हाथ या बाँह पकड़कर बात करना– ऐसे व्यक्ति कोमल स्वभाव के होते हैं। इस तरह से बात करना सामने वाले के प्रति प्रेम एवं अधिकार की भावना को व्यक्त करता है। ऐसे व्यक्ति दयालु एवं संत प्रवृति वाले होते हैं। प्यार और नफ़रत इनमें ज़रूरत से ज़्यादा पाया जाता है। ये सामने वाले से अपनी बात मनवाकर ही दम लेते हैं।

हाथ या अँगुलियाँ मारकर बात करना–जो व्यक्ति बातचीत के दौरान सामने वाले को हाथ या अँगुलियाँ मारकर बात करते हैं, ऐसे लोग असन्तुष्ट एवं बेचैन प्रवृति के होते हैं। इनको सदा ये शिकायत रहती है कि ये सबसे दुःखी है, इनका दुःख सबसे अलग है और इनकी तकलीफ़ को कोई नहीं समझता। ऐसे व्यक्ति सदा खोए–खोए रहते हैं। अपनी ही बात कहकर स्वयं भूल जाते हैं कि कब, क्या किससे कहा था? कोई इन्हें नज़रअन्दाज़ न करें, इसलिए ये सदा हाथ या अँगुलियाँ मारकर बात करते है, ताकि सामने वाला केवल इन्हीं की बात सुने।

बातचीत के दौरान बालों में हाथ फेरना, खुजाना, काग़ज़ मोड़ना या काग़ज़ पर आकृतियाँ बनाना आदि मात्र असभ्यता ही नहीं, बल्कि मानसिक असन्तुलन को भी दर्शाता है। ऐसे व्यक्ति तन्हाई तथा अकेलेपन का शिकार होते हैं। देखा गया है कि ज़्यादातर यह अपनी समस्याओं में उलझे रहते हैं।

चलने के ढंग

किसी व्यक्ति के व्यक्तित्व को उसकी चाल से भी जाना जा सकता है। किसी की चाल उसकी भीतर छुपी हर अच्छाई–बुराई, गुण–अवगुण, सभी का पूरा–पूरा ब्यौरा देती है, जैसे मनुष्य कब खुश है, कब तनाव में हैं, या कब किसी समस्या के बारे में गहन भाव से सोच रहा है। आइए जानते हैं चाल के कुछ तरीक़ों को जिनसे आप किसी भी व्यक्ति की पहचान कर सकते हैं'

- यदि कोई व्यक्ति अपने हाथों को बगल में बाँधकर या सटाकर चलता है, तो इसका मतलब यह है कि वह ज़रूरत से ज़्यादा स्वाभिमानी तथा अपने उसूलों का पक्का है। ऐसे लोग अपने किये वादों पर दृढ़ रहते हैं। ये सुनते सबकी हैं, लेकिन करते अपने मन की हैं। यदि ये एक बात के पीछे पड़ जायें, तो उसकी तह तक पहुँच कर ही दम लेते हैं।
- यदि कोई व्यक्ति हाथ खोलकर, हाथ हिलाते हुए चलता है, तो इससे यह ज़ाहिर होता कि वह व्यक्ति बहुत ही संवदेशील, आत्मनिर्भर तथा आत्मविश्वासी है। ऐसे व्यक्ति बिना किसी झिझक के हर एक से बात करते हैं। इनके भीतर कुछ कर गुज़रने के लिए नये–नये विचार जन्म लेते रहते हैं, जिन्हें ये पूरा करने में सफल होते हैं। झूठ और चालबाज़ी से इन्हें सख़्त नफ़रत होती है।
- यदि किसी व्यक्ति के हाथ चलते वक़्त खुले रहते हैं, पर हिलते नहीं, तो इससे यह पता चलता है कि वह व्यक्ति गम्भीर है। इनके भीतर मस्तिष्क में सदा कोई न कोई विचार चलता ही रहता है। आत्मविश्वास की कमी के कारण ये ठीक समय पर ठीक नियोजन तथा निष्कर्ष में असमर्थ रह जाते हैं या फिर चूक जाते हैं। इन्हें अपनी ज़िंदगी में खोये–खोये रहना भाता है। दूसरे की आलोचना तथा कार्य में कमी निकालना, इनकी ख़ास आदत होती है।
- यदि कोई व्यक्ति हाथ खोलकर चलता है और चलते समय उसके दोनों हाथों की मुट्ठियाँ बन्द रहती है, तो यह भीतर छुपी विभिन्न प्रतिभाओं को दर्शाता है। ऐसे लोग अपनी सक्रिय सोच के कारण देर–सवेर, जैसे–तैसे अपने लक्ष्य तक पहुँच जाते हैं। इनके विचार, रहन–सहन, आदतें, स्वभाव आदि आम आदमी से भिन्न होते हैं। इनके बोलने में एक चमत्कारिक शक्ति होती है, जो लोगों को सरलता से शीघ्र ही आकर्षित कर लेती है।
- यदि कोई व्यक्ति चलते समय अपनी नज़रें झुकाकर चलता है, तो इससे यही पता चलता है कि इनके अन्दर आत्मविश्वास तथा आत्मनियन्त्रण की कमी है। ये लोगों से ज़्यादा–मिलना जुलना पसन्द नहीं करते। ये अपनी स्वयं की काल्पनिक एवं सपनों की दुनिया में रहना पसन्द करते हैं। इनके भीतर का

आलस इन्हें कांतिहीन बनाता है। चिड़चिड़े स्वभाव के कारण ये बहुत कम लोगों से बात करते हैं तथा किसी से दिल की बात नहीं कह पाते हैं और बातचीत के दौरान कम बोलना पसन्द करते हैं।

- यदि चलते समय किसी व्यक्ति की आँखें तथा चेहरा ज़्यादा ही इधर–उधर हिलते रहते हो, तो इससे यह पता चलता है कि ऐसे व्यक्ति हमेशा कुछ नया करने की कोशिश में लगे रहते हो। इनके अन्दर लोगों को जाँचने तथा भाँपने की कला बेहतर होती है। ये ज़रूरत से ज़्यादा निडर, साहसी एवं आत्मविश्वासी होते हैं। ये अधिक ज्ञानी एवं जानकर भी होते हैं तथा उस ज्ञान को बढ़ाने एवं बनाये रखने के लिए जीवन में निरन्तर खोज, परीक्षण तथा शोध करते हैं।
- चलते समय किसी वस्तु आदि का उपयोग करना कई लोगों की आदत होती है। यदि कोई व्यक्ति इस श्रेणी में आता है, तो इससे यही पता चलता है कि वह अपने–आप में कितना अकेलापन एवं असुरक्षित महसूस करता है। ऐसे लोगों के लिए निजी ज़िंदगी में हमेशा किसी सहारे की खोज चलती रहती है। ये दोस्त बनाने तथा उनसे सम्पर्क बनाने में हिचकिचाते हैं और हर काम में नये बहाने तथा आसान रास्ता खोजते हैं। ये ख़ाली हाथ ज़रा सी भी दूरी तय नहीं करते और हाथ में किसी सामान या वस्तु का होना ज़रूरी समझते हैं, जैसे पेंसिल, डायरी, किताब आदि। यह सब व्यक्ति के अन्दर छुपी घबराहट, जल्दबाज़ी तथा विचारों में असन्तुलन के साथ–साथ आत्मविश्वास की कमी तथा मानसिक कमज़ोरी को दर्शाता है।
- तेज़ गति से चलने वाले व्यक्ति बहुत ही चुस्त व फुर्तीले होते हैं। ये अपने जीवन का लक्ष्य पहले से ही निर्धारित करते हैं। धैर्य की कमी व प्रतिस्पर्धा का भाव इनको नुक़सान पहुँचाता है। ऐसे लोग अपनी मेहनत तथा बुद्धि पर विश्वास रखते हैं तथा अपने सभी कार्य स्वयं ही निपटाने की कोशिश करते हैं। ज़िद्दी एवं हठी होना, इनको कई बार लाभ पहुँचाते है, तो कई बार स्वयं की हानि का कारण भी बनते है। इनकी दृष्टि तेज़ तथा चित्त एकाग्र रहता है। भीड़ से हटकर कुछ नया काम करने की कोशिश सदा इन्हें ऊर्जावान बनाये रखती है।
- मध्यम गति से चलने वाले व्यक्ति सन्तुलित स्वभाव के होते हैं। ये अपने जीवन के निर्णय धैर्य से सोच–समझकर करते हैं। औपचारिकताएं इन्हें अच्छी लगती हैं। ये या तो एकदम लापरवाह होते हैं या ज़रूरत से ज़्यादा परवाह करते हैं। यह जितने व्यावहारिक होते हैं, उतनी ही सम्वेदनशील भी होते हैं। यह जीवन में एक साथ कई कार्य निपटाने का सामर्थ्य रखते हैं। कई कलाओं की प्रतिभा एवं कई विषयों पर जानकारी इन्हें कई बार फ़ायदे तथा नुक़सान का भागी बनाती है। कम समय में मेहनत से ज्यादा पाने की तीव्र इच्छा हमेशा लगी रहती है।

- धीमी गति से चलने वाले व्यक्ति नीरस, निस्तेज़ तथा महा आलसी होते हैं। आत्मविश्वास की कमी, इनकी हर असफलता का कारण होती है। ऐसे लोग अन्य लोगों के कहे अनुसार अपना लक्ष्य चुनते हैं तथा अपनी धारणाएं बनाते हैं। हर चीज़ को गहराई से देखना, चिन्तन–मनन द्वारा विश्लेषण करना, इन्हें खूब भाता है। इनकी प्रवृति काव्यात्मक एवं रचनात्मक होती है। धैर्य इनको व्यावसायिक कम आध्यात्मिक ज़्यादा बनाता है। इन्हें लिखने–पढ़ने का शौक़ होता है। कई विषयों के जानकार तथा विशेषज्ञ होते हैं। यह अच्छे सलाहकार भी साबित होते हैं।
- जो लोग पैर को ज़ोर से रखते हैं यानी एड़ी को ज़ोर से दबाकर आवाज़ करते हुए चलते हैं, बहुत ही ज़िद्दी तथा अभिमानी होते हैं। उनका यह अभिमान झूठा एवं निरर्थक होता है। अपने बारे में सुनना तथा सबके बीच आकर्षण का केन्द्र बनना, इन्हें अच्छा लगता है। अपने काम का दिखावा तथा ज़रूरत से ज़्यादा ऊँचे स्वर में बात करना इन्हें शोभा नहीं देता। ऐसा व्यवहार इन्हें महँगा भी पड़ सकता है।
- पैर (तलवे व एड़ी) को ज़मीन से रगड़ कर बिना उठाए चलना। ऐसे लोग, दरिद्र तथा आलसी होते हैं। ये बिना किसी परिवर्तन और लक्ष्य निर्धारण के जीना पसन्द करते हैं। यह भाग्य के सहारे जीने वाले कंजूस प्रवृति के होते हैं। इनकी चाल की तरह इनकी ज़िंदगी भी यों ही घिसटती रहती है।

➪ ठक–ठक की आवाज़ करके चलने वाला व्यक्ति अपने अन्तर्मन की किसी न किसी कमज़ोरी पर सदा क़ाबू पाने की चेष्टा में लगा रहता है अथवा अपने भीतर की ऊर्जा शक्ति को बरक़रार रखने के लिए ऐसा करता है। ऐसे व्यक्ति आसानी से हार नहीं मानते। ये न तो किसी के सोचने की परवाह करते हैं और न ही किसी क़िस्म की चिन्ता। स्वाभिमान ही इनका सब कुछ होता है।

पढ़ने के ढंग

जिस तरह लिखने और बोलने का तरीक़ा हमारे भीतर छुपे गुण–अवगुण, कला–प्रतिभा, व्यक्तित्व व्यवहार तथा आत्मविश्वास आदि को दर्शाता है, ठीक उसी तरह हमारे पढ़ने के ढंग भी हमारे व्यक्तित्व–व्यवहार एवं मानसिक स्थिति आदि को परिभाषित करते हैं। आइए जानते हैं क्या कहता है आपके पढ़ने का ढंग–

बोल-बोलकर पढ़ना - यानी स्वर के माध्यम से शब्दों को आवाज़ द्वारा उच्चारित करना। ऐसे व्यक्ति कहने को आत्मविश्वासी होते हैं, परन्तु इनके अन्दर कहीं न कहीं असुरक्षा का भाव भी बना रहता है। ऐसे व्यक्ति स्वयं को सबसे समझदार समझते हैं, जिसकी वजह से इन्हें कई बार मुँह की खानी पड़ती है। ऐसे व्यक्ति दिल के साफ़ होते है, इसी वजह से ये अपने दिल की बातें सबको बता देते हैं, जिसकी वज़ह से इन्हें अपने सम्बन्धों एवं प्यार आदि में नुक़सान उठाना पड़ता है।

चुपचाप पढ़ना - यानी मन–ही–मन बिना आवाज़ या शोर के पढ़ना। ऐसे व्यक्ति गम्भीर एवं सम्वेदनशील स्वभाव के होते हैं, इनकी बातों एवं अनुभवों में वज़न होता है। यह वक़्त के पाबन्द तथा ज़िम्मेदारियों को निभाने वाले होते हैं। मनचाहा जीवन या परिणाम, इन्हें इच्छानुसार नहीं मिलता। ऐसे व्यक्ति अपनी बातों एवं महत्त्वाकांक्षाओं को हर एक के आगे ज़ाहिर नहीं करते, न ही सरलता से यार–दोस्त बनाते हैं। दूसरों के प्रति करुणा, सेवा–भाव तथा बुजुर्गों एवं गुरुओं के प्रति श्रद्धाभाव इनके स्वभाव का अहम हिस्सा होता है। जब तक इनके कार्य पूरे नहीं हो जाते, तब तक ये अपनी योजनाएँ किसी को नहीं बताते।

दोनों तरह से पढ़ना - यानी कभी बोलकर पढ़ना तो कभी चुपचाप पढ़ना। ऐसे व्यक्ति मूडी, अस्थिर, स्वछंद, चंचल स्वभाव, अपनी धुन के पक्के एवं मस्त होते हैं। छोटे–मोटे दुःख या उतार–चढ़ाव इन्हें प्रभावित नहीं करते। जहाँ जाते हैं वहाँ अपनी छाप छोड़कर आते हैं। दूसरों को हँसाना, खुश रखना, इन्हें अच्छा लगता है। ऐसे व्यक्ति अच्छे सलाहकार एवं साहित्यकार भी होते हैं। जीवन में सतुलन एवं शान्ति की प्रबल इच्छा होती है। इनका जिज्ञासु स्वभाव इन्हें सदा ऊर्जावान तथा मानसिक एवं शारीरिक रूप से स्वस्थ रखता है।

शुरू से अन्त तक पढ़ना - किसी भी पुस्तक को शुरू से अन्त तक पढ़ना। ऐसे व्यक्ति धैर्य रखने वाले और शांत स्वभाव के होते हैं। कोई भी अधूरी चीज़ इन्हें अच्छी नहीं लगती। ऐसे व्यक्ति ज्ञानी एवं शोधकर्ता होते हैं। ज़िन्दगी को बहुमूल्य समझते हैं और समय का सदुपयोग करते हुए सदा अपने कार्य को शुरू करते हैं तथा उसे सम्पन्न करके ही चैन लेते हैं। इन्हें जैसा जीवन मिलता है, यह उससे सन्तुष्ट रहते हैं तथा अपनी संस्कृति, रीति–रिवाज़, सभ्यता एवं धरोहर आदि से जुड़े रहने की कोशिश करते हैं।

अन्त से शुरू तक पढ़ना - ऐसे व्यक्ति जब भी कुछ पढ़ने के लिए उठाते हैं तो आखिर के पन्ने से पढ़ना शुरू या पृष्ठ उलटना शुरू करते हैं। ऐसे व्यक्ति अशांत एवं जल्दबाज़ क़िस्म के होते हैं। ये दुनिया को अपने ढंग से देखते हैं तथा औरों को भी बदलने की हठ में लगे रहते हैं। कई बार इनकी लापरवाही एवं ग़ैरज़िम्मेदारी इन्हीं के ऊपर भारी पड़ जाती है।

बीच-बीच से पढ़ना - ऐसे व्यक्ति जो किताब को बीच–बीच में से छोड़–छोड़कर पढ़ते हैं या केवल मोटी–मोटी हैडिंग पढ़ते हैं, अपने–आपको ज़रूरत से ज़्यादा समझदार एवं चालाक समझते हैं। ऐसे व्यक्ति बातूनी होते हैं। जब तक यह अपने दिल की बात किसी से नहीं कह लेते, इन्हें चैन नहीं मिलता। बिना सोचे–समझे बोलना तथा

बिना माँगे राय देने की आदत कई बार इन्हें हँसी का पात्र बना देती है।

जल्दी-जल्दी पढ़ना - ऐसे व्यक्ति जो किसी भी लेख या किताब को जल्दी–जल्दी पढ़ते हैं, जल्दबाज़ होने के साथ–साथ विद्वान भी होते हैं। इनका मन एकाग्र होता है तथा किसी भी चीज़ को समझने एवं ग्रहण करने की क्षमता इनमें आम लोगों से ज़्यादा होती है। इनके अन्दर कई छुपे हुए गुण होते हैं, जिनका इन्हें खुद आभास नहीं होता।

धीरे-धीरे पढ़ना - यानी मंद गति से पढ़ना। ऐसे व्यक्ति थोड़े से आलसी प्रवृति के होते हैं। यह जीवन में हर क़दम फूँक–फूँक कर रखते हैं। जीवन को कैसे उपयोगी बनाया जाये, यह कला इन्हें खूब आती है। शांत स्वभाव के ऐसे व्यक्ति धैर्यवान तथा एकांतप्रिय होते हैं।

पढ़ते-पढ़ते खो जाना - ऐसे व्यक्ति कल्पनाशील प्रवृति के तुलनात्मक विचारधारा वाले होते हैं। सदा अपने वर्तमान को बीते पलों में तौलते रहते हैं। इन्हें सदा दुःख घेरे रहते हैं, जिसके ज़िम्मेदार यह स्वयं होते हैं। सम्बन्धों में शक करना या छानबीन करना, इनकी आदत होती है।

पढ़ते-पढ़ते नींद आना - ऐसे व्यक्ति आलसी क़िस्म के होते हैं। जीवन के प्रति इनका नज़रिया निराशापूर्ण होता है। ऐसे व्यक्ति ज़िम्मेदारियों से दूर भागते हैं तथा अपनी ग़लतियों के लिए दूसरों को दोषी ठहराते हैं।

ग़लतियाँ या अशुद्धियाँ निकालना - ऐसे व्यक्ति जो पढ़ने के साथ–साथ सम्बन्धित लेख में कमी या त्रुटियाँ ज़्यादा निकालते हैं, ऐसे लोग अपने–आपको ज़रूरत से ज़्यादा समझदार एवं विद्वान समझते हैं। यह अपने से ज़्यादा, दूसरों के जीवन में ज़्यादा दख़ल देते हैं।

आत्म-विकास के लिए पढ़ना - ऐसे व्यक्ति संसार की कम, स्वयं के विकास की ओर ज़्यादा ध्यान देते हैं, यह शांत स्वभाव वाले निर्मल चित्त एवं मृदुभाषी होते हैं। इनके हर कार्य में आध्यात्मिक पुट होता है। जिस तरह यह हर चीज़ या विषयविस्तु को नहीं पढ़ते या उनकी ओर आकृष्ट नहीं होते, उसी तरह जीवन में भी वस्तुओं, मित्रों एवं आहार–विहार का भी सोच–समझकर चयन करते हैं।

यह जो भी पढ़ते हैं, फिर स्वयं के जीवन में उतारते हैं। इनका पढ़ना मात्र ज्ञान अर्ज़न के लिए ही नहीं होता, बल्कि आत्मपरिवर्तन के लिए भी होता है। एक–एक अक्षर को पढ़ने के बाद उसकी तह तक जाना, इनके स्वभाव में होता है। यह एक अच्छे मार्गदर्शक एवं सलाहकार होते हैं।

कपड़ों से जानें व्यक्तित्व का राज

कपड़ों का हमारे जीवन में अत्यधिक महत्त्व है। कपड़े न केवल हमारे शरीर को ढ़कने के काम आते हैं, बल्कि ये बदलते मौसम से हमारी रक्षा भी करते हैं। यह हमारे व्यक्तित्व, व्यवसाय एवं स्तर के साथ–साथ हमारे चरित्र, व्यवहार, सभ्यता, आत्मविश्वास तथा भीतर छुपे गुण–अवगुण को तो दर्शाते ही हैं, साथ ही हमारे व्यक्तित्व की पहचान भी कराते हैं। कैसे? आइए जानते हैं–

ब्रॉन्डिड कपड़े - जो लोग ब्रांडिड कपड़े यानी कि किसी अच्छी कम्पनी के कपड़े पहनते हैं, बहुत ही महत्त्वाकांक्षी तथा जीवन में सदा ऊपर उठने की कोशिश करते हैं। देखने में ऐसे लोग बेहद आत्मविश्वासी होते हैं, लेकिन हक़ीक़त में इनमें आत्मविश्वास की कमी पायी जाती है। इनकी नज़र सदा दूसरों पर रहती है, जिसकी वजह से इनके अन्दर होड़, जलन, और प्रतिंद्वद्विता की भावना पैदा होने लगती है। ऐसे व्यक्ति आर्थिक दृष्टि से सम्पन्न होते हैं, अगर नहीं होते तो ऐसा दिखावा करते हैं। ये हर चीज़ का चयन बहुत सोच–समझकर करते हैं, जिसकी वजह से अपने जीवन में उन्नति भी पाते हैं। स्वार्थ एवं चतुराई इनके व्यक्तित्व से साफ़–साफ़ झलकती है। आत्मसम्मान की ये बहुत परवाह करते हैं, जिसकी वजह से ये कई बार खुद की भी हानि कर लेते हैं।

ढीले कपड़े - ढीले कपड़े पहनने वाले व्यक्ति आमतौर पर शांत एवं कोमल स्वभाव के होते हैं। ऐसे व्यक्ति स्वयं को परिस्थिति एवं वातावरण के अनुसार आसानी से ढाल लेते हैं। अपने लक्ष्य को पाने के लिए खुली आँखों से जीना तथा अपने अनुभवों से दूसरों का मार्गदर्शन करना इन्हें अच्छा लगता है। साहित्य, कला, सौंदर्य एवं प्रकृति के प्रेमी ऐसे व्यक्ति गहन, अध्ययन एवं शोध के साथ–साथ ध्यान, चिन्तन, मनन एवं मंथन में भी रुचि रखते हैं। ऐसे व्यक्तियों के जीवन का उद्देश्य पैसा कमाना नहीं, बल्कि इज़्ज़त, नाम और शोहरत कमाना होता है।

तंग कपड़े - तंग कपड़े–यानी कि शरीर से चिपके हुए कपड़े पहनना। जो व्यक्ति तंग कपड़े पहनते हैं, उनके भीतर कुछ कर गुज़रने की प्रबल इच्छा होती है, जिसके लिए ये कई शार्टकट (छोटा रास्ता) भी अपना लेते हैं। बहिर्मुखी, निडर एवं साहसी स्वभाव वाले ऐसे व्यक्ति हमेशा किसी न किसी उधेड़ बुन में लगे रहते हैं। प्रदर्शन एवं दिखावे का भाव इनमें ज़रूरत से ज़्यादा होता है।

ऐसे व्यक्ति स्थिर जीवन की उम्मीद तो करते हैं, परन्तु उसे पाने के लिए सही दिशा एवं मार्ग पर टिक नहीं पाते। इन्हें अपनी तारीफ़ बेहद भाती है। कोई भी इनकी झूठी तारीफ़ करके इनसे अपना काम करवा सकता है। ऐसे व्यक्ति मनमौजी स्वभाव के होते हैं। भीड़–भाड़ में लोगों के बीच रहना इन्हें खूब भाता है। ऐसे व्यक्ति व्यावहारिक होने के साथ–साथ कामुक प्रवृति के भी होते हैं। इन्हें सीधा–साधा जीवन नहीं, बल्कि ऐशो–आराम की ज़िंदगी भाती है। पैसा कमाने में ये माहिर होते हैं, अपना काम निकलवाने का हुनर इन्हें खूब आता है।

हथकरघा के कपड़े - वह कपड़े, जिनमें मशीन का कम परन्तु हाथ का काम ज़्यादा होता है, फिर वह उसकी सिलाई, बुनाई, कढ़ाई हो या उसका कपड़ा। ऐसे कपड़ों को पसन्द या पहनने वाले व्यक्ति उच्च विचारों के, शांत, सम्वेदनशील, भावुक तथा प्रतिभाशाली होते हैं। इनकी बातों में अनुभव, दया एवं दर्शन साफ़–साफ़ झलकता है। इनके भीतर का आत्मविश्वास एवं सहनशक्ति इन्हें जीवन के संघर्षों से जूझने की ताक़त देता है, जिसमें यह सफल भी होते हैं। ऐसे व्यक्ति बहुत ही रचनात्मक एवं कलाप्रिय होते हैं। इन्हें परिश्रम करने का शौक़ इतना होता है कि ये अपने कार्य खुद ही करने में विश्वास रखते हैं। ऐसे व्यक्ति अपने से ज़्यादा दूसरों के दुःख–दर्द एवं भावनाओं को प्राथमिकता देते हैं। इन्हें इनकी मेहनत, त्याग, प्रेम एवं संयम का वह फल नहीं मिलता, जिसके ये हक़दार होते हैं। मान–सम्मान एवं धन–प्रतिष्ठा आदि के बीच ये उचित सन्तुलन बनाकर रखते हैं। ऐसे व्यक्ति दोस्तों के दोस्त एवं दुश्मनों के दुश्मन साबित होते हैं।

कपड़ों का रंग – कपड़ों के रंगों का चयन भी आपके व्यक्तित्व को दर्शाता है, जैसे–

सफ़ेद – ऐसे व्यक्ति शांत स्वभाव वाले सकारात्मक, सन्तुलित, आशावादी तथा कल्पनाशील होते हैं। एकांत एवं साधारण जीवन शैली इन्हें बेहद भाती है। ये खुले विचारों वाले एवं स्पष्टवक्ता होते हैं। अपने जीवन में ये अपनी पहचान बनाने में अवश्य सफल होते हैं।

पीला – ऐसे व्यक्तियों का व्यक्तित्व रोचक तथा प्रेरक होता है। चुनौतियों का सामना करना तथा सदा अपने कार्य में संलग्न रहना इन्हें अच्छा लगता है। आध्यात्मिक प्रवृति के ऐसे व्यक्ति सहज एवं क्रियाशील होते हें। इनमें समर्पण का भाव तथा वाणी में मिठास पायी जाती है।

लाल – इस रंग को पसन्द करने वाले व्यक्तियों में गुस्सा, दृढ़–शक्ति एवं कामुकता तीनों को देखा जा सकता है। ये सदा आकर्षण का केन्द्र बने रहना चाहते हैं। ऐसे व्यक्ति सुनते कम, बल्कि सुनाते ज़्यादा हैं। इनमें धैर्य की कमी पायी जाती है, जिसकी वजह से इन्हें कई बार हानि भी उठानी भी पड़ जाती है। यह प्रेम तथा श्रृंगार के प्रति बेहद जल्द आकर्षित हो जाते हैं।

हल्का – नीले रंग को पसन्द करने वाले व्यक्ति रचनात्मक, भावुक, कल्पनाशील एवं कुशल वक्ता होते हैं। ऐसे व्यक्ति जीवन के प्रति काल्पनिक एवं व्यावहारिक दोनों प्रकार के नज़रिए रखते हैं। ऐसे व्यक्तियों को शान्तिपूर्ण वातावरण खूब भाता है।

नीला – ऐसे व्यक्ति योग्य, आत्मनिर्भर, एवं गहरे विचारों वाले होते हैं। दूसरों की ज़िम्मेदारियों को भी खुद ही निभाने का शौक़ रखते हैं। किसी बात की तह तक जाने की इनमें तीव्र प्रवृति पायी जाती है।

हरा – हरे रंग को पसन्द करने वाले व्यक्ति जीवन के प्रति सचेत रहते हैं तथा अपनी वाणी के प्रभाव से दूसरों को शीघ्र अपना बना लेते हैं, परन्तु स्वयं दूसरों पर ज़ल्दी यक़ीन नहीं करते। किसी के अधीन कार्य करना इन्हें बिलकुल पसन्द नहीं। आज़ादी पसन्द ऐसे व्यक्ति घुमक्कड़ क़िस्म के होते हैं।

गुलाबी–ऐसे व्यक्ति स्नेही, उदार एवं समझदार होते हैं। इनमें इच्छा–शक्ति की कमी होती है तथा दिल के रिश्तों पर नियन्त्रण भी कमज़ोर रहता है। छोटी–छोटी बातें इनके दिल को चुभ जाती हैं। अपनी उम्र के लिहाज़ से इनमें बचपना अधिक पाया जाता है।

भूरा – ऐसे व्यक्ति एकांकी, आत्मकेंद्रित एवं खुद पर नियन्त्रण रखने वाले होते हैं। ऐसे व्यक्ति अच्छे मार्गदर्शक एवं आलोचक साबित होते हैं।

काला – ऐसे व्यक्तियों की इच्छाशक्ति दृढ़ होती है। ये अच्छे विचारवान एवं अनुशासित होते हैं। इनका स्वयं पर पूरा नियन्त्रण होता है तथा ये अपनी ज़िम्मेदारी पूरी तरह से निभाते हैं। इनके जीवन में कई बार इनके कार्य एवं व्यक्तित्व पर सवालिया निशान लगने की संभावना होती है। अचानक घटने वाली घटनाएँ इनके जीवन को अच्छे तथा बुरे, दोनों रूपों से प्रभावित करती हैं।

कपड़ों से सम्बन्धित अन्य काम की बातें

- सोच–समझकर अवसर के अनुसार कपड़े पहनने वाला व्यक्ति हमेशा तरक़्क़ी करता है तथा सही समय पर मौक़े का फ़ायदा उठाता है।
- चमक–दमक वाले भड़कीले कपड़े पहनने वाले व्यक्ति दिखावटी, रसिक मिजाज़ तथा भरोसे के लायक नहीं होता।
- बिना प्रेस (इस्त्री) किये कपड़े पहनने वाले व्यक्ति आलसी, असभ्य, एवं बुद्धिहीन होते हैं।
- मैले–पुराने पहनने वाले व्यक्ति अस्वस्थ तथा नीरस क़िस्म के होते हैं।
- पारदर्शी कपड़े पहनने वाले व्यक्ति निर्भीक, स्वतन्त्र विचारों वाले मनमौज़ी क़िस्म के होते हैं।
- उधड़े एवं फटे कपड़े पहनने वाले व्यक्ति लापरवाह एवं ग़ैर ज़िम्मेदार स्वभाव के होते हैं।
- कमीज़ को पैंट के अन्दर दबाकर पहनना व्यक्ति के औपचारिक एवं सभ्य स्वभाव को दर्शाता है।
- कमीज़ को पैंट से बाहर निकालकर पहनना व्यक्ति के हँस–मुख, बिन्दास एवं रौबीले स्वभाव को दर्शाता है।
- कमीज़ या टी–शर्ट की बाजू को मोड़कर पहनना व्यक्ति में साहस एवं कुछ कर गुज़रने के जज़्बे को दर्शाता है।
- कमीज के कालर को ऊपर चढ़ाकर रखने वाला व्यक्ति उद्दण्ड होता है।
- प्लेन कपड़े (बिना किसी धारी) पहनने वाला व्यक्ति सीधा, सरल एवं चिन्तामुक्त जीवन जीना चाहता है। ऐसे व्यक्ति धैर्यशील एवं शांत स्वभाव के होते हैं।
- चैक या लाइन वाली कमीज पहनने वाले व्यक्तियों को चुनौतियों का सामना करना अच्छा लगता है। ऐसे व्यक्ति जीवन में बदलाव एवं नयापन की चाह रखते हैं।

हमारी आदतें

यह बात तो आप सभी जानते होंगे कि हर व्यक्ति किसी न किसी आदत का शिकार होता है। या यों कहिए कि हर इनसान में किसी न किसी तरह की आदत होती है, जिसके बारे में उस व्यक्ति को पता नहीं होता। जाने–अंजाने में वह अपनी आदतों का प्रदर्शन कर बैठता है, और इसी से उसके बाहरी व्यक्तित्व के बारे में काफ़ी कुछ जाना जा सकता है। आइए एक नज़र डालते हैं व्यक्ति की कुछ आदतों के बारे में जिनका विश्लेषण करके हम उनके व्यक्तित्व को जान सकते हैं–

नाखून चबाना - जब कोई इनसान मुँह से नाखून चबाता है इसका मतलब यह है उस वक्त वह व्यक्ति किसी न किसी चिन्ता से घिरा हुआ है। वैसे गहन विचार या किसी समस्या के दौरान भी ऐसा हो सकता है। लेकिन इसका अर्थ यह नहीं है कि जो भी लोग गहरे चिंतक हैं या विचारक हैं, वह सब नाखून चबाते हैं या नाखून चबाना गहरे चिंतक होने की निशानी है।

सच तो यह है कि नाखून चबाना एक नकरात्मक आदत है, ऐसे व्यक्ति भ्रमित बुद्धि के, आलसी प्रवृति वाले होते हैं। यह सोचते ज़्यादा हैं, और कम काम करते हैं। इनमें जीवन के प्रति संजीदगी कम लापरवाही अधिक होती है। ऐसे व्यक्तियों में हीनता की भावना को भी देखा जाता है। इन्हें अकसर लोगों से यह शिकायत होती है कि इन्हें कोई नहीं समझ सकता। ऐसे व्यक्ति अपने–आपको जीवन में तनहा पाते हैं। जीवन के प्रति इनका नज़रिया नकारात्मक होता है।

अँगुलियाँ चटकाना - हाथ जब काम करते–करते थक जाते हैं, तो अँगुलियों को चटकाना आम बात है, लेकिन बहुत से लोगों की ऐसी आदत होती है कि वे बिना किसी कारण के अपनी अँगुलियाँ चटकाते हैं। ऐसे व्यक्ति किसी न किसी चिन्ता में उलझे रहते हैं। यह दूसरों पर हुकूमत करने की इच्छा ज़रूर रखते हैं, लेकिन कभी उसमें सफल नहीं हो पाते। हाथ से मौक़ा चूकने के बाद ही इन्हें अपना होश आता है तथा इन्हें सफ़लता कम पछतावा अधिक होता है। ऐसे व्यक्ति अपने दिमाग़ से कम, दूसरे के बताये अनुसार मार्ग पर ज़्यादा चलते हैं, जिसकी वजह से इन्हें ज़्यादातर नुक़सान ही उठाना पड़ता है।

हाथ-अँगुलियों का प्रयोग – देखा गया है कि कई लोग ऐसे होते हैं, जो ज़रा सी देर बिना किसी हरकत के चुपचाप नहीं बैठ सकते। उनकी अँगुलियाँ या तो अपने बालों में उलझी रहती हैं या फिर टेबल पर थिरकती रहती हैं। यानी ऐसे व्यक्ति या तो बालों में हाथ फेरते रहते या फिर टेबल पर अँगुलियाँ बजाते रहते हैं, इतना ही नहीं टेबल पर रखी किसी वस्तु या पेपरवेट से खेलते रहेंगे या फिर अपनी अँगुलियों को मिला–मिलाकर कोई न कोई आकृति बनाते रहेंगे। यह सारे ही लक्षण बेचैनी को दर्शाते हैं।

वास्तव में ऐसे व्यक्तियों में धैर्य की कमी होती है। यह अपने जीवन की परिस्थितियों एवं हालात आदि से कभी समझौता नहीं कर पाते। इन्हें कम समय में ज़्यादा पाने की चाह होती है जिसके चलते यह शार्टकट (छोटा रास्ता) अपनाते हैं और अन्त में बुरी तरह से परास्त होते हैं।

पैर हिलाना - जिन लोगों में बैठे–बैठे पैर हिलाने की आदत पायी जाती है, वे बसब्रे और चंचल प्रवृति के होते हैं। इन्हें एक जगह पर टिककर बैठना या काम करना अच्छा नहीं लगता। ऐसे व्यक्तियों में किसी विशेष प्रकार का भय भी छिपा होता है, जो इन्हें ज्ञात नहीं होता। कहीं न कही इनके भीतर आत्मविश्वास की भी कमी होती है, जिसके चलते यह अपना पैर बार–बार हिलाते रहते हैं।

मुँह में पेन-पेन्सिल डालना - लखते समय कई बार पेन या पेन्सिल अचानक मुँह में चले जाना आम बात है, लेकिन कई लोग ऐसे होते हैं, जो लिखते कम हैं सोचते ज़्यादा है और सोचते भी किसी एक विषय पर नहीं है। रही बात पेन–पेन्सिल की, उसे न सिर्फ़ वे मुँह में डालते हैं, बल्कि अच्छी तरह से चबा भी डालते हैं।

पेन–पेन्सिल चबाने वाले ऐसे व्यक्ति गम्भीर स्वभाव वाले, बात–बात पर बहस करने वाले तथा हर बात को दिल से लगाने वाले होते हैं। यह अपने मन की बात अपने मन में ही रखते हैं। इनका कुन्ठित मन बदले की भावना से भरा रहता है, इसके बावजूद भी यह किसी दूसरे को नहीं, बल्कि स्वयं को ही तकलीफ़ देते हैं। इनके मन में पहले की काफ़ी सारी बातें दबी रहती है, जिसकी वजह से इनके अन्दर गुस्सा और चिड़चिड़ापन बढ़ने लगता है।

होंठ चबाना या दबाना - यह बात आप लोगों ने भी कई बार नोट की होगी कि कई लोग ऐसे होते हैं जो बैठे–बैठे कुछ नहीं तो अपने होंठ ही चबाते रहते हैं, या फिर अपने दोनों होंठों को आपस में दबाते रहते हैं, उनको आगे–पीछे करते रहते हैं या फिर उन पर अपनी जीभ फेरते रहते हैं।

वास्तव में ऐसे व्यक्ति स्वभाव से कामुक एवं क्रोधी होते हैं। किस समय, क्या करना है यह भली–भाँति जानते हैं। मौक़े का फ़ायदा उठाने वाले ऐसे व्यक्ति चतुर और शातिर होते हैं। यदि ये किसी एक चीज़ के पीछे पड़ जायें तो उसे हासिल या पूरा करके ही दम लेते हैं।

दाँतों में तीली या धागा डालना - दाँतों में फँसे भोजन को निकालना या सफ़ाई की दृष्टि से दाँतों में तीली, टुथपिक

या धागे आदि का प्रयोग करना एक आम बात है, लेकिन कई लोगों में यह एक आदत की तरह होती है। ऐसे व्यक्ति बेवजह भी अपने दाँतों को कुरदते रहते हैं या फिर कोई टुथपिक हो या ऑलपिन, उन्हें दाँतों को कुरेदने की इतनी आदत होती है। यदि इन्हें कोई नुकीली वस्तु नहीं मिलती तो यह काग़ज़ को ही मोड़–तोड़कर काम चला लेते हैं, लेकिन दाँतों को कुरेदना नहीं भूलते।

ऐसे व्यक्ति कुछ ज़्यादा ही सफ़ाई–पसन्द होते हैं। इन्हें अपने अलावा किसी और का काम कम ही पसन्द आता है। इन्हें हमेशा ऐसा लगता है कि इनकी ज़िन्दगी में सब कुछ रुका हुआ है, जिसकी वजह से इन्हें हर किसी से कोई न कोई शिकायत रहती है। ऐसे व्यक्ति हर काम में परफ़ैक्शन (निपुणता) चाहते हैं। ऐसे व्यक्तियों को अपनी सोच पर गर्व होता है तथा जोखिम भरे, चुनौतीपूर्ण कार्य करना इन्हें बेहद अच्छा लगता है।

बड़बड़ाना या खुद से बातें करना - ऐसे व्यक्ति स्वयं को कमज़ोर एवं असहाय समझते हैं। इन्हें लगता है कि कोई इनकी बात न तो सुनता है और न ही कोई महत्त्व देता है। ऐसे व्यक्तियों की याददाश्त भी कमज़ोर होती है। इन्हें अपने जीवन से बहुत शिकायतें होती हैं। ऐसे व्यक्ति किसी मानसिक सदमें या हादसे के बाद ऐसे हो जाते हैं। इन्हें हर बात पर चिक–चिक करना, बातों की सफ़ाई देना या माँगना इनकी आदत हो जाती है। अकसर ऐसी आदतें बुजुर्गों में देखने को मिलती हैं।

लकीरें खींचना या आकृतियाँ बनाना - देखा गया है कि अकसर लोग फ़ोन पर बात करते समय अपने सामने पड़े नोटपैड या किसी काग़ज़ पर लकीरें खींचने लगते हैं, या तरह–तरह की आकृतियाँ बनाने लगते हैं। वास्तव में ऐसे व्यक्तियों का दिल कहीं और होता है और दिमाग़ कहीं और। यह लकीरें इनसान के मूड एवं परिस्थितियों के साथ–साथ उसके मानसिक स्तर को भी दर्शाती हैं।

ऐसे व्यक्ति आराम–पसन्द होते हुए भी मेहनती होते हैं। हर बात को जानना और उसकी तह तक जाना इनकी ख़ास आदत होती है। किसी भी बात को कहने या करने से पहले ये खूब चिन्तन मनन करते हैं। ये जीवन को संजीदगी से लेते हैं। भविष्य में नई–नई योजनाएँ बनाते हैं तथा योजनाबद्ध तरीक़े से ही काम करते हैं।

बालों में हाथ फेरना - कभी–कभार या ज़रूरत के हिसाब से बालों में हाथ फेरना आम बात है, लेकिन हमेशा, बेवजह बालों में अँगुलियाँ डालना, हाथ फेरना एक आदत है। ऐसे व्यक्ति स्वयं को न केवल समझदार, बल्कि खुद को भी सुन्दर समझते हैं। ऐसे व्यक्ति अपने उद्देश्य से भटके हुए, मनमौज़ी एवं मस्त स्वभाव के होते हैं। इनके विचार एवं तर्क भी आम लोगों से अलग होते हैं। इनके प्रस्तुतिकरण में एक तरह का बनावटीपन होता है। लोग जितनी जल्दी इनकी ओर खिंचते हैं, उतनी ही दूर भी होने की कोशिश करते हैं।

ऐसे व्यक्ति अपने–आपको हर क्षेत्र में सर्वश्रेष्ठ दिखाने की कोशिश में लगे रहते हैं, लेकिन होते नहीं है। इनको अपने ऊपर कुछ ज़्यादा ही आत्मविश्वास होता है, जिसकी वजह से कई बार ये मुँह की खाते हैं। ऐसे व्यक्ति सम्वेदनशील होते हुए भी जीवन को संजीदगी से नहीं लेते। इनके मन में हर वक़्त क्या खिचड़ी पक रही होती है, इसके बारे में इनके अलावा और कोई नहीं जानता। प्यार के मामले में यह दिलफेंक होते हैं। इनकी कथनी और करनी में ज़मीन–आसमान का फ़र्क़ होता है।

दाँत किटकिटाना - यदि आप ग़ौर करें तो यह भी एक आदत है, जो मनुष्य के बाहरी व्यक्तित्व के बारे में बिना कुछ जाने–पूछे बता देती हैं। जो व्यक्ति अकसर दाँत किटकिटाते हैं, वे कम बुद्धि तथा हिंसकात्मक प्रवृति वाले होते हैं। दूसरों को मूर्ख बनाना, उन्हें धोखा देना, ठगना–लूटना आदि कार्यों में इनका मन लगता है। ऐसे व्यक्ति ज़रूरत से ज़्यादा आलसी होते हैं। अपनी असफलता के ये खुद ज़िम्मेदार होते हैं। घमंड और अकड़ इनमें कूट–कूट के भरी होती है।

ऐसे व्यक्ति यदि अपनी बुद्धि को सकारात्मक कार्यों में लगायें तो कई आविष्कार एवं सृजन कार्य कर सकते हैं। ऐसे व्यक्तियों को इधर की उधर करना तथा सामने वाले की चापलूसी करना बेहद भाता है।

किसी काम को बार-बार करना - इस तरह की आदत कई लोगों में पायी जाती है, जैसे बार–बार हाथ धोना, नल, ताला या स्विच आदि चेक करना कि बन्द हुआ है या नहीं या चीज़ों को बार–बार गिनना, रखी हुई चीज़ की दिशा या उनका कोण चेक करना और बार–बार व्यवस्थित करना आदि। इस तरह की आदत, स्थिति या बर्ताव को मनोवैज्ञानिक 'ओ.सी.डी.' यानी 'ऑबसेसिव कम्पलसिव डिसऑर्डर' कहकर बुलाते हैं।

ऐसी हालत या आदत में इनसान एक ही काम को बार–बार करता है, ऐसे व्यक्तियों में आत्मविश्वास की बहुत कमी पायी जाती है। इन्हें न तो अपने आप पर यक़ीन होता है और न ही दूसरों पर। ऐसे व्यक्ति पुरानी एवं बेक़ार की वस्तुओं को संभालकर रखते हैं और ये ज़रूरत से ज़्यादा अंधविश्वासी होते हैं।

ऐसे व्यक्तियों को यदा–कदा डिप्रेशन की बीमारी भी हो जाती है। ऐसे में इन्हें किसी मनोचिकित्सक को दिखाना ही बेहतर होता है।

काम की आदत - काम करना जीवन जीने के लिए बेहद ज़रूरी है। बिना काम के आदमी आलसी और बेक़ार हो जाता है। लेकिन सिर्फ़ काम ही करना तथा बिना काम के ज़रा भी न रह पाना एक प्रकार की आदत है। ऐसे व्यक्ति जीने के लिए काम नहीं करते, काम करने के लिए जीते हैं। ऐसी स्थिति में व्यक्ति स्वयं को किसी न किसी काम से घिरा रखता है। काम नहीं मिलता, तो काम ढूँढ़ता है, पर एक पल को ख़ाली नहीं बैठता। बिना काम के न केवल उसे चैन आता है और न ही अच्छी नींद।

वैसे काम के प्रति दीवानगी अच्छी बात है, लेकिन काम के चलते स्वयं को उसी में क़ैद कर लेना और किसी अन्य कार्य या ज़िम्मेदारी में हिस्सा न लेना एक अलग बात है, काम के प्रति इतनी चाह या लत ही काम की आदत कहलाती है।

ऐसे व्यक्ति भले ही पैसे वाले या किसी ऊँचे पद पर हों, लेकिन इनके अन्दर हीनता की भावना होती है। यह समूह में नहीं बल्कि अकेले रहना पसन्द करते हैं। इनका मन बेचैन व अशांत होता है। ऐसे व्यक्ति व्यावहारिक तो होते हैं, पर सम्वेदनशील नहीं होते। इन्हें खुद पर बहुत अभिमान होता है।

ऐसे व्यक्ति कभी भी अपने–आपसे सन्तुष्ट नहीं होते। दूसरों के काम में कमी निकालना तथा अपने ही को सदा ऊपर रखना इनकी ख़ास आदत होती है। यों तो इन्हें भीतर–ही–भीतर अकेलापन खलता भी है, लेकिन यह कभी ज़ाहिर नहीं होने देते। ये अपनी कमियों को सुधारने के बजाय उसे छुपाने की कोशिशों में लगे रहते हैं।

यदि इन्हें किसी वजह से ख़ाली बैठना पड़ जाये तो यह पागल से हो जाते हैं। बेवजह गुस्सा करना, पैर हिलाना, हाथों को आपस में मलना या मेज़ बजाना, सर पकड़ना, इधर–उधर देखना, बार–बार घड़ी देखना, खड़े होकर चक्कर लगाना आदि जैसी हरकतें करते हैं। ऐसे व्यक्ति अपने काम एवं काम से सम्बन्धित वस्तुओं एवं सम्बन्धों के प्रति बड़े सजग एवं संजीदे होते हैं।

नाक-कान में अँगुली डालना - कभी–कभी नाक–कान में अँगुली डालना आम बात है, लेकिन बेवजह समय–असमय नाक–कान में अँगुली डालना, उसे कुरेदना या मैल आदि साफ़ करना एक अलग बात या आदत है। जो लोग ऐसा करते हैं, वह स्वभाव से घमंडी एवं तुनक–मिज़ाज वाले होते हैं। सामने वाले को मूर्ख और खुद को समझदार समझते हैं। ऐसे व्यक्तियों को किसी की परवाह नहीं होती तथा ये खुद भी लापरवाह होते हैं।

हर बात पर तर्क देना इनकी आदत का हिस्सा होता है। ऐसे व्यक्ति स्वार्थी होते हैं तथा औपचारिकता निभाना, इन्हें कठिन लगता है। इसका अर्थ यह नहीं कि यह सहज या अनौपचारिक होते हैं। सच तो यह है कि यह अपनी दुनिया में मगन रहते हैं तथा थोड़े से फूहड़ और असभ्य होते हैं। बाल की खाल निकालना, घटनाओं को

बढ़ा–चढ़ाकर कहना इनकी आदत होती है। ऐसे व्यक्ति अपने में कई बार इतना खो जाते हैं कि इन्हें आसपास की दुनिया की कोई ख़बर ही नहीं रहती।

क्या कहती है आपकी लिखावट

प्रिय पाठको! हम जो भी कार्य करते हैं, उसमें हमारी मानसिक शक्ति का बहुत बड़ा हाथ होता है। फिर वह हमारा लिखना, क़लम पकड़ने का तरीक़ा, शब्दों की बनावट, लिखने का ढंग तथा गति आदि सब हमारी मानसिक शक्तियों से हमें व दूसरों लोगो को परिचित करा देती है।

आजकल कई संस्थानों में तो बक़ायदा राईटिंग का विश्लेषण करने के बाद ही जॉब पाने वाले अभ्यर्थी को जॉब दी जाती है। इसलिए आप कोशिश करें कि आप अपनी राईटिंग को ऐसा बनाये, जिससे आपकी जॉब तुरन्त लग जायें। इसके लिए आपको ज़्यादा मेहनत करने की ज़रूरत नहीं है। आपको बस निम्नलिखित बातों पर केवल अमल करना है।

लिखावट की गति

तेज़ गति – जो व्यक्ति तेज़ गति से लिखते हैं, वे आत्मविश्वासी, निर्भीक एवं परिश्रमी होते हैं। ऐसे व्यक्ति स्वभाव के तेज़, आधुनिक विचारों वाले तथा महत्त्वाकांक्षी होते हैं। दिखावा और प्रदर्शन करना इन्हें बेहद अच्छा लगता है। इनका जल्दबाज़ होना कई बार इनके बने–बनाये कार्यों को बिगाड़ देता है।

विलक्षण प्रतिभा के धनी ये व्यक्ति एक साथ कई कार्य करने का हुनर रखते हैं, परन्तु किसी एक में ही मुश्किल से पारंगत हो पाते हैं। इनका आकर्षक व्यक्तित्व पहली ही मुलाक़ात में लोगों को अपना बना लेता है। ये मनमौज़ी, अपनी मर्ज़ी से जीवन जीने वाले होते हैं।

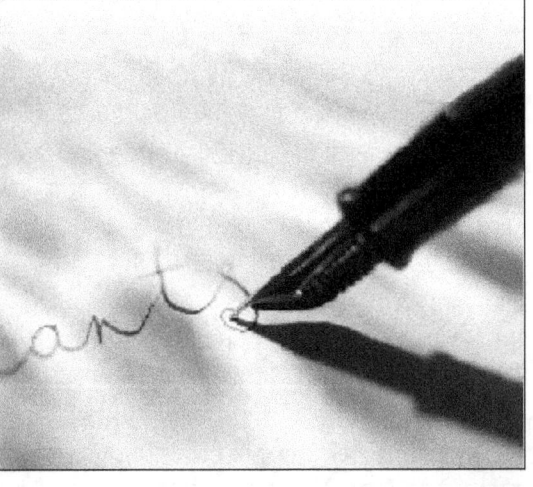

धीमी गति – धीमी गति से लिखने वाले व्यक्ति गहन चिन्तन–मनन करने वाले, स्थिर स्वभाव के, अन्तर्मुखी एवं एकांत प्रिय होते हैं। इनका शांत एवं कोमल स्वभाव कई बार इन्हीं पर भारी पड़ जाता है। ऐसे व्यक्ति कई बार ज़रूरत से ज़्यादा आलसी हो जाते हैं, जिसकी वजह से कई बार ये जीती हुई बाज़ी हार जाते हैं।

अक्षरों का आकार

बड़े अक्षर – जो व्यक्ति बड़े आकार के अक्षरों में लिखते हैं, वे बहिर्मुखी (Extrovert) होते हैं। सुनते सबकी है, पर करते अपने मन की ही हैं। मन की बात मन में रखने की बजाय सीधे व साफ़ कहने में यक़ीन रखते हैं। यह उदार दिल, भावुक एवं सम्वेदनशील होते हैं। ऐसे व्यक्ति समय के पाबन्द, हँसमुख, ज़िम्मेदार तथा अपने वादे के पक्के होते हैं। इनमें आत्मविश्वास की जितनी अधिकता होती है, एकाग्रता की उतनी ही कमी होती है। यदि कोई इन्हें या इनके कार्य को नज़रअन्दाज़ करें तो यह उसे दिल से लगा लेते हैं। ऐसे व्यक्ति अच्छे वैज्ञानिक, कलाकार एवं वक्ता साबित होते हैं। श

छोटे अक्षर – छोटे अक्षर लिखने वाले व्यक्ति अन्तर्मुखी (Introvert) होते हैं। अपनी पुरानी यादों से बंधे रहना इन्हें अच्छा लगता है। ऐसे व्यक्ति ज़रूरत से ज़्यादा सम्वेदनशील होते हैं। किसी की मज़ाक़ में कही बात इनके दिल को लग जाती है। ये हालात और परिस्थितियों के अनुसार स्वयं को बड़ी आसानी से ढाल लते हैं। छोटी–छोटी उपलब्धियों को भी यह बहुत महत्त्व देते हैं, जिसके ज़रिये यह स्वयं को सफलता के शिखर पर पहुँचा लेते हैं। इनमें हीन भावना भी पायी जाती है, जिसकी वजह से ये बने–बनाये काम रुक जाते हैं।

दबाव

गहरे शब्द – शब्दों को क़लम के माध्यम से ज़ोर देकर या दबाव देकर लिखा जाता है। ऐसी लिखावट के पीछे भी अपना एक मनेविज्ञान है। ऐसे व्यक्ति, फुर्तीले, निडर, स्वाभिमानी, ज़िद्दी तथा दृढ़ इच्छाशक्ति वाले होते हैं। ये आक्रोश में बड़ी जल्दी आते हैं, जिसकी वजह से कई बार अपने ही पैरों पर कुल्हाड़ी मार लेते हैं। यह अपने नियम स्वयं बनाते हैं और दूसरों से भी यही चाहते है कि वे इनके बनाये नियमों का पालन करें। नेता एवं नेतृत्व के गुण इनमें कूट–कूट के भरे होते हैं। ऐसे व्यक्ति कुछ लीक से हटकर कार्य कर दिखाते हैं।

हल्के शब्द – हल्के शब्दों को क़लम के माध्यम से हल्का या कम दबाव देकर लिखा जाता है। ऐसे व्यक्ति निश्िचत, तनावरहित, शांत प्रवृति के होते हैं। ख़ाली बैठना या समय को व्यर्थ करना इन्हें अच्छा नहीं लगता। सम्वेदनशील होने के साथ–साथ यह दूसरों की भावनाओं की क़द्र करते हैं। किसी पर शोषण, अत्याचार या ज़बरदस्ती करना इन्हें पसन्द नहीं होता। जीवन में गतिशीलता बनाये रखने के लिए ऐसे व्यक्ति सदा क्रियाशील रहते हैं। इन्हें स्वयं से ज़्यादा दूसरों के दुःखों की चिन्ता होती है।

लिखावट

सीधी लिखावट – ऐसी लिखावट, जिसमें शब्द बिना किसी झुकाव या कोण के सीधे दिखते हैं। ऐसी लिखावट वाले व्यक्ति अनुशासनप्रिय, न्यायप्रिय, गम्भीर, सन्तुलित विचारों वाले तथा अपने विचारों को निडरता से व्यक्त करने वाले होते हैं। ऐसे व्यक्ति अपने कार्य में परिपक्व (Mature) होते हैं, इसीलिए दूसरों के कार्यों से सरलता से सन्तुष्ट नहीं होते या फिर उनके कार्यो में कमी ढूँढ़ते रहते हैं। ऐसे व्यक्ति बड़ी मुश्किल से ही किसी से तालमेल बिठा पाते हैं। यदि इन्हें मनचाहा जीवनसाथी न मिले तो ये अपनी उम्र अकेले ही बिता देते हैं।

तिरछी लिखावट – ऐसी लिखावट, जिसमें शब्द सीधे होने के बजाय तिरछे हो, एक ओर झुके हुए हो। ऐसे व्यक्ति फुर्तीले, जोश से भरपूर जल्दबाज़ क़िस्म के होते हैं। ज़िन्दगी में हर चीज़ के प्रति लालायीत एवं जिज्ञासापूर्ण रहते हैं। प्रबल ताक्रिक शक्ति, आलोचनात्मक प्रवृति एवं आत्मविश्वास इनमें देखा जा सकता है। मानसिक रूप से अशांत एवं बेचैन यह व्यक्ति अच्छे कलाकार, लेखक एवं मनोवैज्ञानिक साबित होते हैं।

घनत्व

घनी लिखावट – ऐसी लिखावट, जिसमें लिखने वाले की लिखावट में परस्पर सभी शब्द खुले–खुले या दूर–दूर होते हैं। ऐसे व्यक्ति लापरवाह, अल्प बुद्धि वाले, दूसरों पर निर्भर तथा बिना सोच–समझकर बोलने वाले होते हैं। लम्बी–लम्बी हाँकना, ख़्याली पुलाव बनाना इन्हें अच्छा लगता है। ये कभी भी किसी बात को संजीदगी से नहीं लेते। ऐसे व्यक्ति मेहनत कम तथा दिखावा ज़्यादा करते हैं।

कलम पकड़ने का तरीक़ा – जिस प्रकार लिखावटकर्ता की लेखनी के माध्यम से उसके व्यक्तित्व एवं मनोविज्ञान को समझा जा सकता है, उसी तरह लिखावटकर्ता का क़लम पकड़ने का ढंग भी उसके बारे में बहुत कुछ बताता

है। लिखने वाला लिखने के लिए किन और कितनी अँगुलियों का प्रयोग करता है? क़लम को किस कोण व कितनी दूरी से पकड़ता है? तथा उसके पूरे हाथ का संचालन कैसे होता है आदि सब कुछ उसके भीतर छुपे गुण–अवगुण, व्यवहार–व्यक्तित्व एवं मानसिक स्थिति को दर्शाता है।

नीची पकड़ – लिखते समय क़लम/पेन/को सिक्के/निब के पास से पकड़ना। ऐसे व्यक्तियों में आत्मविश्वास की कमी के साथ–साथ असुरक्षा का भाव भी होता है। ऐसे व्यक्तियों को कभी भी थोड़ी चीज़ से सन्तुष्टि नहीं होती, जो कुछ चाहिए इन्हें पूरा ही चाहिए, अन्यथा यह ग्रहण नहीं करते। यह स्वभाव के बड़े ही सीधे, सहज, एवं सरल होते हैं। दिखावा करना इन्हें पसन्द नहीं होता। ऐसे व्यक्ति अपनी ज़िम्मेदारियों एवं कर्त्तव्यों को पूरी ईमानदारी एवं समझदारी से निभाते हैं।

ऊँची पकड़ – क़लम को सामान्य दूरी से अधिक ऊँचाई से पकड़ना। ऐसे व्यक्ति स्वयं से ज़्यादा दूसरों के कार्यों एवं गतिविधियों पर अपनी नज़र रखते हैं तथा स्वयं में दिखावे एवं प्रदर्शन की भावना अधिक होती है। ज़रूरत से ज़्यादा ही आत्मविश्वासी होने के कारण इन्हें कई बार मुँह की खानी पड़ जाती है। यह ऊपर से जितने सीधे एवं सरल नज़र आते हैं अन्दर से उतने ही आडम्बरी एवं विपरीत होते हैं। लोगों पर हुक्म चलाना तथा उन्हें निर्देश देना इन्हें बहुत अच्छा लगता है।

अँगूठे के साथ प्रथम दो अँगुलियों का लिखने के लिए उपयोग करना व्यक्ति में सदा ऊपर उठने एवं प्रयासरत रहने की ओर इशारा करता है। ऐसे व्यक्ति मानसिक कार्य करना अधिक पसन्द करते हैं। हर कोई इनके विचारों को सरलता से स्वीकार नहीं करता, परन्तु इनमें व्यक्तित्व से शीघ्र प्रभावित अवश्य होता है। ऐसे व्यक्ति अपनी बुद्धि एवं ज्ञान के माध्यम से अवश्य ख़्याति पाते हैं।

अन्य तरीक़े – लिखते वक़्त क़लम/पेन का दायीं ओर झुकाकर लिखना व्यक्ति की आधुनिक विचारधारा को दर्शाता है। ऐसे व्यक्ति सदा आकर्षण का केंद्र बनना चाहते हैं। अपने समाज, परम्परा, संस्कृति एवं सभ्यता से इन्हें कोई लगाव नहीं होता, यहाँ तक कि यह अपने परिवार वालों एवं रिश्तेदारों से ज़्यादा अपने दोस्तों को महत्त्व देते हैं। नये विचार एवं कार्य को अलग ढंग से करने की प्रवृति इन्हें सफलता के मुकाम पर ले जाती है।

लिखते समय क़लम/पेन को सीधे रखना । ऐसे व्यक्ति व्यवहारकुशल, दूरदर्शी, बोलने में माहिर तथा अपनी बातों के पक्के होते हैं। सदा सत्य का साथ देते हैं, कभी भी ग़लत निर्णय नहीं लेते। ये स्वभाव के ज़िद्दी होते हैं

लिखते समय क़लम/पेन को अपनी ओर झुकाकर लिखने वाले व्यक्ति परिश्रमी होते हैं। ऐसे व्यक्ति स्वयं को परिस्थिति के अनुसार आसानी से ढाल लेते हैं। दूसरे की सेवा करने के लिए ये हमेशा आगे आते हैं।

मोबाइल फ़ोन से जानें व्यक्ति का व्यक्तित्व

मोबाइल हाथ में पकड़कर रखना – ऐसे लोग जो मोबाइल फ़ोन को हमेशा हाथ में पकड़कर चलते हैं, इसे अपनी शान का प्रतीक मानते हैं और अपनी अहम् की सन्तुष्टि भी, उनका इसकी आवश्यकता से कोई लेना–देना नहीं होता। आवश्यक हो तो ठीक और न हो तो ठीक। ऐसे लोग चाहे पुरुष हाँ अथवा स्त्री बात करने में माहिर होते हैं। इनकी वाणी मधुर होती है।

कमर पर बँधा मोबाइल – जो लोग मोबाइल को कमर से बेल्ट की सहायता से बाँध अथवा लटका लेते हैं उन्हें यदि वास्तव में देखा जाये तो इसकी बिल्कुल आवश्यकता नहीं होती अर्थात् इसके बिना भी उनका कार्य चल सकता है या फिर उन्हें इसकी बहुत आवश्यकता होती है, लोग वे होते हैं, जो व्यापारिक प्रतिष्ठानों में मार्केटिंग अथवा फील्ड का कार्य करते हैं और उनका मोबाइल और उसका ख़र्चा सम्बन्धित कम्पनी ही उठाती है। ऐसे लोग चाहे स्त्री हो या पुरुष अपनी बेल्ट से इसलिए इसे बाँधते हैं, क्योंकि वे अतिरिक्त सावधानी बरतना चाहते हैं कि कहीं यह खो अथवा गिर न जाये और यदि ऐसा हो गया तो मोबाइल तो कम्पनी का है, लेकिन नुक़सान उनका हो जायेगा। इसके विपरीत वे लोग जो निजी रूप से स्वयं ख़रीदकर ऐसा करते हैं तो उनमें प्रदर्शन की भावना ही प्रभुत्व होती है, जो उन्हें मात्र आत्मिक सुख प्रदान करती है।

गर्दन झुकाकर बात करना – ऐसे लोग जो मोबाइल फ़ोन पर वार्तालाप करते समय अपनी गर्दन को थोड़ा सा झुकाकर रखते हैं जीवन में लापरवाह नहीं होते, वे छोटी–छोटी बातों का भी विशेष ध्यान रखते हैं। ऐसे लोगों की स्मरणशक्ति अत्यन्त तीव्र होती है। वे स्वभाव से परोपकारी और भावनात्मक होते हैं। इनकी विचाधारा और सोच परिपक्व होती है। ये मेहनती और परिश्रमी होते हैं।

प्रदर्शनात्मक मुद्रा – प्रदर्शन और दिखावे की संस्कृति में लिप्त लोग मोबाइल को सदैव हाथ में ही रखेंगे, चाहे सिर खुजाना हो या बाल ठीक करने हों, इसमें ध्यान रखने वाली बात यह है कि ऐसा व्यक्ति पुरुष हो अथवा स्त्री ऐसी प्रतिक्रियाएं नियमित रूप से करता हो तभी वह प्रदर्शन प्रिय माना जायेगा, इसके विपरीत कभी–कभार यदि कोई ऐसा करता है तो

उसका तात्पर्य प्रदर्षन से नहीं माना जायेगा। जो लोग नियमित ऐसा करते हैं, वे उच्च महत्त्वाकांक्षी होते हैं और समय से पहले सब कुछ पाना चाहते हैं। ऐसे लोग यदि नौकरी में हो तो जल्दी–जल्दी नौकरियाँ बदलते रहते हैं, जल्दी से सन्तुष्टि नहीं होती। ऐसे लोग अपने स्तर से ऊँचा उठने का प्रयास करते हैं और मौक़ा मिलने पर अपना लक्ष्य भी पा लेते हैं। ऐसे लोग छोटी–छोटी बातों को विशेष महत्त्व नहीं देते, क्योंकि इनका दृष्टिकोण विस्तृत होता है। मनोरंजन के शौक़ीन होते हैं और ऐसे स्थानों पर अधिकतर दिखलाई पड़ते हैं।

गर्दन टेढ़ी करके बात करना – ऐसे लोग जो गर्दन टेढ़ी करके मोबाइल का उपयोग करते हैं चाहे वे पुरुष हों अथवा स्त्री, इनकी शारीरिक भाषा की एक विशेषता और भी है और वह है कि इनका हाथ अपने शरीर के काफ़ी नज़दीक या साथ जुड़ा रहता है। ये भाग्य के धनी होते हैं, क्येांकि ये लोग मेहनत करें या न करें, भाग्य के सहारे इनकी जिन्दगी चलती ही रहती है। इन्हें पकी–पकाई रोटी मिलती है, जिसका तात्पर्य है कि इनका परिवार के सहारे गुज़ारा हो जाता है। इन्हें प्रायः सभी प्रकार के शौक़ होते हैं, इसलिए सभी भौतिक सुखों का भोग करते है। दूसरे लोग इनके भाग्य से ईर्ष्या भी करते हैं।

व्यावसायिक मुद्रा – इस चित्र में प्रदर्शित मुद्रा व्यावसायिक मुद्रा है अतएव ऐसे लोगों की शारीरिक भाषा का बोध करने के लिए इनके अन्य क्रिया कलापों पर ध्यान दिया जाना चाहिए। जिस प्रकार एक टेली गर्ल के वार्तालाप से आप उसका व्यक्तित्व नहीं जान सकते उसी प्रकार इस व्यावसायिक मुद्रा द्वारा शारीरिक भाषा को समझना मुश्किल है।

हाथ उठाकर बात करना

जो लोग अपने शरीर से अपना हाथ दूर रखकर मोबाइल का उपयेग करते हैं, अपने कार्यों के प्रति वफ़ादार होते हैं, चाहे वे पुरुष हों अथवा स्त्री। ये बोलचाल, व्यवहार में निपुण होते हैं, तुरन्त ही दूसरों का मन मोह लेते हैं। ऐसे लोग घूमने–फिरने के भी शौक़ीन होते है व कई बार विदेश यात्राएं भी करते हैं। एयरपोर्ट पर इन्हें अकसर अपने इसी अन्दाज़ में बात करते हुए देखा जा सकता है।

बैठे–बैठे मोबाइल से खेलना – कुछ लोगों की आदत होती है कि वे मोबाइल को हाथों में घुमाते रहते हैं या उससे छेड़छाड़ करते हैं। इसके दो कारण हो सकते हैं। एक तो आदत और दूसरा दिखावा। यदि यह उनकी आदत है तो इसका तात्पर्य है कि ऐसे लोग असंयमी, धैर्यहीन होते हैं और जल्दबाज़ी में बिना सोच–विचारे कार्य हाथ में ले लेते हैं फिर परेशान होते हैं और यदि दिखावे के लिए करते हैं तो उसका सीधा अर्थ हैं अपने अहम् की दुष्टि।

अन्त में....

हम आशा करते हैं कि प्रस्तुत पुस्तक में आपकी इनर पर्सनैलिटी संबंधी संपूर्ण जिज्ञासाओं का समाधान कर दिया होगा। इस संबंध में विस्तृत जानकारी के लिए आप हमारे यहाँ से प्रकाशित दूसरी पुस्तक लेकर अपने ज्ञान में वृद्धि कर सकते हैं।

www.ingramcontent.com/pod-product-compliance
Lightning Source LLC
LaVergne TN
LVHW081355060426
835510LV00013B/1841